有斐閣 Insight

グローバリゼーション

現代はいかなる時代なのか

正村俊之

有斐閣

はじめに

「社会などというものは存在しない。存在するのは、男、女という個人と家族だけだ」。これは、一九八〇年代に、アメリカのR・W・レーガン大統領とともに新自由主義政策を推し進めたイギリスのM・H・サッチャー首相が語った言葉である。この言葉の背後には、「福祉国家」と呼ばれた当時の国家に対する批判が込められていた。

第二次世界大戦後のイギリスは、「揺りかごから墓場まで」を理念とした高い水準の社会福祉を実現した反面、経済的停滞に陥っていた。イギリスは十九世紀に「世界の工場」として世界に君臨し、また二十世紀末には目覚ましい復興を遂げたが、二十世紀半ばには勤労意欲の低下という「英国病」に悩まされていた。この低迷状況を打開するために、サッチャーは福祉国家を解体し、規制緩和の下に公共事業を民営化してイギリス経済の活性化をはかろうとした。先の発言は、このような文脈の中で国家を批判する意図をもって語られたのである。

サッチャー発言はさまざまな批判を浴びたが、この発言には無視できない内容が含まれている。というのも、国家と社会が同一視されているが、そのような認識をしていたのはサッチャーばかりではないからである。二十世紀の代表的な社会学者T・パーソンズも、近代の国家が社会生活の包括的かつ自律的な単位であることをふまえて、国家を「全体社会」として位置づけた。しかし一九八〇年代以降、グローバリゼーションの進展とともに、国家の包括性と自律性が失われ、国家＝社会という自明性が崩れてきた。こうして、国家や社会というものを改めて考える必要に迫られている。

国家や社会に関する既成の観念が通用しなくなったことを示す事例は、それに止《とど》まらない。近代国家の特徴の一つは、政治と宗教の分離の下に物理的暴力を独占した点にある。国家が物理的暴力を独占し、常備軍を組織したことによって、近代の戦争は国家間の戦争として遂行されてきた。政治が宗教から切り離されたのとは裏腹に、宗教は政治から身を引いて、もっぱら個人の内面的問題にかかわるようになった。ところが一九八〇年代以降、政治と宗教の分離という、近代国家を成り立たせる大前提を掘り崩す動きが世界各地で発生した。

二〇〇一年の九・一一同時多発テロは今なお記憶に新しいが、あの事件の衝撃は、単に高層ビルに旅客機が激突したことにあるだけではない。事件後、アメリカのG・W・ブッシュ大統領をして「これはテロではなく、戦争だ」と言わしめた相手は、「イスラーム原理主義」と称される宗教的なテロ組織であった。「原理主義」という言葉は本来、キリスト教の用語なので、「イスラーム原理主義」という言い方は適切ではないが、ともあれ宗派を問わず、暴力的手段に訴えるかたちで政治の表舞台に登場する宗教的組織も現れてきた。

また、近代国家は、国内領域と国外領域を分離し、国外からの影響を排除しながら国内を自律的かつ包括的に統治してきたが、今では、国外で生じた出来事が直ちに国内に影響を及ぼしている。二〇〇八年、米国の大手証券会社リーマン・ブラザーズの破綻《はたん》をきっかけに世界的な金融危機が発生したが、その発端は、米国のサブプライム問題という、二〇〇七年に起こったローカルな出来事にあった。

米国では、二十世紀末から続いた住宅バブルが二〇〇七年にはじけ、低所得者向けの住宅ローンが焦げ付いた。「対岸の火事」と思われたこのローカルな出来事が事の始まりなのである。サブプライム問題の発生によって、それまで米国の住宅市場に流れ込んでいた世界の投機マネーはオイル市場へと向かい、原油価格の高騰と物価の上昇を世界各地で引き起こしたが、金融危機が発生すると、こんどは原油価格が下落するかわりに、世界経済全体が危機的状況に陥った。

今回の金融危機は、「百年に一度の危機」といわれるように、世界史上初めての出来事ではない。すでに一九二九年に米国の株式市場で大暴落が起こり、二年後の一九三一年には世界恐慌へと発展した。とはいえ、前回の危機と比較すると、今回の危機は、あまりにローカルな出来事に起因しており、しかもその影響は、だれもが予想していなかったほど速いスピードで世界に波及した。金融危機が発生した当初、一九九〇年代にバブル崩壊を経験した日本は、欧米ほど手痛い打撃を受けずに済むのではないかという楽観的な観測が流れたが、その数カ月後には、日本のＧＤＰ（国内総生産）の落ち込みは先進国の中で最大のものとなった。

世界的な金融危機が起こった二〇〇八年は、同時多発テロが発生した二〇〇一年と並んで、人々の記憶に長く残る年になるだろうが、この数年間に世界史的な出来事が立て続けに起こった背後には、目下進行中のグローバリゼーションが控えている。サブプライム問題は、世界的な金融危機の発端ではあるが、原因ではない。その原因を歴史的に遡っていくと、レーガン大統領やサッチャー首相が導入した新自由主義政策に突き当たる。もちろん、それが唯一の原因ではないが、今日のグローバリゼーションは一九七〇年代末から始まる新自由主義の影響下にあり、世界的な金融危機も新自由主義の旗印の下に進められたグローバリゼーションの過程で起こったものである。

今回の危機によって、グローバリゼーションは一つの転期を迎えるだろうが、現代社会で起こっている変化はそれに止《とど》まらない。広い歴史的視野に立つならば、一九七〇年代以降のグローバリゼーションそのものが大きな転換のプロセスをなしている。同時多発テロに見出される、政治と宗教の融合、非国家的組織による物理的暴力の行使といった現象は、近代以降のグローバリゼーションの過程で大きな変化が生じていることを示唆している。その変化は、国際関係の変化に止《とど》まらない社会の地殻変動を表している。

これまで国外の問題は、主に国際関係論という分野の中で研究され、国内の問題は、経済・政治・宗教といった各領域に応じて経済学・政治学・宗教学等々によって研究されてきたが、今では、国内領域と国外領域、経済と政治と文化を切り離して論ずることはできない。それらを総合的に、しかも歴史的な流れの中で把握することが求められている。本書のねらいは、グローバリゼーションを社会の地殻変動としてとらえ、経済・政治・文化の関係に着目しつつ歴史的文脈の中で考察することにある。

目次

※　引用文献は、巻末の「引用文献」欄に一括して掲げ、本文中には著者名または編者名と刊行年（邦訳書がある場合には邦訳書刊行年）、必要に応じ頁数を（　）に入れて記した。

《例》

（正村［二〇〇八］）

正村俊之［二〇〇八］『グローバル社会と情報的世界観――現代社会の構造変容』東京大学出版会。

序章

社会の地殻変動としてのグローバリゼーション

●グローバリゼーションに対する三つの見方

グローバリゼーションに社会的関心が集まるようになったのは一九九〇年代からであるが、では、グローバリゼーションが始まったのはいつごろからであろうか。この問いに関してはさまざまな答え方がある。大雑把に分けるならば、グローバリゼーションの起点を、①一九七〇年代に求める見方、②近代の開幕とされる十六世紀に求める見方、③近代以前に求める見方がある（Steger［2003＝2005］）。

グローバリゼーションを比較的最近の現象としてとらえるならば、それは、新自由主義が台頭し、情報化が進展する一九七〇年代以降に始まる（①の見方）。一九八〇年代から九〇年代にかけて市場メカニズムが世界を席巻するとともに、コンピュータ・ネットワークによって世界の時空的距離が大幅に圧縮された。その結果、特定の場所で生起した出来事の影響が直ちに地球全体に及ぶような時代が訪れた。

一方、グローバリゼーションを最も広い意味に解するならば、グローバリゼーションは近代以前から始まっている（③の見方）。遺伝学の知見によれば、人類は、アフリカ大陸で生息していた共通の祖先から出発した。人類の祖先は、十万年もの歳月をかけて世界中に散らばり、その過程で現在の黒人種、白人種、黄色人種へと分岐していった。そして近代以前にも、いくつもの帝国が築かれ、シルクロードのような長大な貿易路も形成された。したがって、人類史そのものがグローバリゼーションの歴史であるといっても過言ではない。

しかし、本書で扱うグローバリゼーションはそのいずれでもない。ここでは、グローバリゼーションを近代以降の過程と考えたい（②の見方）。というのも、近代以前と近代以後では、グローバリゼーションのあり方に質的な違いが見られるからである。

●近代以降のグローバリゼーション

「グローバリゼーション」とは、さしあたり地球的規模における相互依存の成立・深化を意味するが、それを客観的な意味でいうだけでは十分ではない。人類が長い年月をかけて地球上に拡散した際、そのプロセスを担った人々は地球的な広がりを意識しえなかった。一方、現代社会では、出来事と出来事の間にグローバルな繋がりがあるだけでなく、人々はそうした地球的な広がりを意識している。だれにとっても、個々の出来事がもたらすグローバルな影響を正確に予想することはできないが、人々は、出来事がグローバルな文脈の中で起こり、何らかのグローバルな影響をもたらすことを知っている。そうした意識の下でさまざまな出来事を生み出している。このことは、出来事の地球的な相互依存が単なる偶発的な結果として成立するのではなく、地球的な相互依存を生み出す社会的仕組みが内包されていることを示している。

地球全体が知られるようになったのは、近代以降のことである。コロンブスのアメリカ大陸発見は一四九二年、ヴァスコ・ダ・ガマのインド到達は一四九八年、マゼランの世界一周は一五二二年である。また、経線と緯線が格子状に配列された一枚の地図上に世界全体を描くメルカトル図法が発表されたのは一五六九年である。地図の作成は、そこに描かれた土地を支配しようとする人間の意志に根ざしており、世界地図の作成は、世界を股にかけて活動しようとする人間の意志の表れでもある。

さらに十九世紀後半になると、時間や空間に関する単位や基準が世界的に統一された。それまでは、長さ・面積・体積・質量の単位は社会によってまちまちであったが、グローバルなレベルでモノの取引を行うためには、それらの単位を統一する必要がある。また以前は、時間も太陽の位置に合わせて設定されていたが、鉄道や大型汽船の誕生とともに時間を統一する必要に迫られた。こうして一八七五年のメートル条約によって、メートルが長さの世界単位となり、また一八八四年の国際子午線会議によって、イギリスのグリニッジ天文台の地方時を基準とする世界時間が決められた。世界標準時やメートル法は、人間のグローバルな活動を調整する基本的な枠組みである。そうした枠組みは、グローバルな活動を展開するための社会的基盤となった。

つまり、世界的な相互依存は、世界地図、メートル法、世界標準時といった、グローバルな活動を支える社会的仕組みを内包することによって、単なる客観的な結果以上のものとなったのである。グローバリゼーションを定義するうえで重要なのは、地球的相互依存の成立という客観的メルクマールとグローバルな意識という主観的メルクマールが揃っているかどうかにある。この二つのメルクマールによってグローバリゼーションを定義するならば、グローバリゼーションの起点は近代に置かれることになる。

そこで本書では、近代以降のグローバリゼーションを扱うことにする。次に、本書の分析視角となる主要な論点を四点ほど指摘しておこう。

●世界の不均等発展としてのグローバリゼーション

まず、グローバリゼーションは、ヒト・モノ・カネの世界的な流れとして現象する。グローバリゼーションの基本的なテーマである「移民」「世界貿易」「国際金融」は、それぞれヒト・モノ・カネの世界的な流れを表している。ヒトの世界的な流れを担ったのは移民や難民であり、奴隷貿易によってアフリカ大陸からアメリカ大陸に強制的に連れてこられた黒人のようなケースも含まれる。また、モノの世界的な流れを創り出してきたのは世界貿易であり、世界市場の形成にともなって世界貿易も発展してきた。そして、市場には「金（カネ）」を「融」通する「金融」市場があるが、国際金融市場を通じてカネの世界的な流れが生み出されてきた。

グローバリゼーションは、このようなヒト・モノ・カネの世界的な流れによって地球的な相互依存を成立・深化させてきたが、その過程は、世界が単に一体化していく中立的な過程ではない。相互依存の成立と深化は、生き残りをかけた諸社会の競争的な過程でもあり、支配や対立、そして排除を内包している。また、ヒト・モノ・カネは社会を構成する基本的な資源となるが、それらは世界に満遍なく集積されるわけではない。その集積場所は特定の地域に集中し、しかも歴史的に変化する。そのため、グローバリゼーションは、ある社会の発展が別の社会の衰退や崩壊を招くような「世界の不均等発展」として現れる。

●ヒト・モノ・カネの世界的な流れと社会の構造的条件

ヒト・モノ・カネがどのように移動し、どこに集積されるかは、それらの移動にかかわる諸社会の構造的条件に規定されている。たとえば、今日の金融市場では、世界の貿易額をはるかに上回る額の取引がなされているが、そのようなカネの世界的な流れは、一九七〇年代以降、情報技術が発達しただけでなく、多くの国が変動相場制や金融の自由化政策を採用したことに起因している。グローバリゼーションの進展とともに、ヒト・モノ・カネの流れにかかわる国際条約も増えてきたが、ヒト・モノ・カネの世界的な流れは、各社会の制度や構造に規定されており、その複合的な効果として生じている。

そして、ヒト・モノ・カネの世界的な流れは、各社会の構造的条件に規定されているだけでなく、逆にそれらを規定してもいる。ヒト・モノ・カネの世界的な流れは、各社会の内部的な流れを変えることによって社会構造そのものに影響を及ぼしている。後述するように、イギリスの産業革命はその好例である。世界貿易の覇権を握ったイギリスは、世界的なヒト・モノ・カネの流れをもとにして産業革命に成功するとともに、イギリス社会の変革を通じて世界貿易のあり方を変化させた。グローバリゼーションは、各社会の構造的変化の結果であると同時に原因でもある。

そして、ヒト・モノ・カネの世界的な流れと社会の構造的条件が相互に影響を及ぼす際、その媒介的役割を果たしているのが、輸送手段や通信手段としてのメディアである。輸送手段はヒトやモノの流れを媒介し、通信手段は情報としてのカネの流れを媒介するが、その媒介的役割は、さらにヒト・

モノ・カネの流れと社会構造を媒介する点にある。輸送手段や通信手段は特定の社会の中で創造されるが、ひとたびそれらが作動し始めると、社会構造に反作用を及ぼすことにもなる。近代以降、ヒト・モノ・カネの世界的な流れは、十九世紀末から二十世紀初頭にかけて、そして二十世紀後半にそれぞれピークを迎えるが、これらの時期は、いずれも輸送・通信手段の革命が起こった時期でもあった。

このようにヒト・モノ・カネの世界的な流れと社会の構造的条件は、輸送・通信手段としてのメディアを介しつつ相互に規定しあっている。したがって、グローバリゼーションを理解するためには、ヒト・モノ・カネの世界的な流れの背後に控えているメディアと社会構造に目を向ける必要がある。

●主権国家・ウェストファリア体制・機能分化

とはいえ、グローバリゼーションにかかわる諸社会の構造的条件のすべてを考慮に入れることはできないので、本書では、西欧に起源をもつ近代社会に関連づけながらグローバリゼーションについて考察する。近代以降のグローバリゼーションの歴史は、西欧で誕生した近代社会（modern society）の形成・発展・変容の歴史でもあるといっても過言ではない。

近代社会というのは、主権国家としての近代国家を基本的な単位とした社会である。ここで、近代社会は近代国家を指しているのか、その集合体を指しているのかという疑問をもたれるかもしれないが、さしあたり、そのどちらも社会（下位の社会と上位の社会）と考えたい。というのも、本書では、近代国家の内部と外部の両方を問題にしたいからである。近代国家を単位にして形成された国家間システムは「ウェストファリア体制」と呼ばれるが、ウェストファリア体制は、今でこそ世界を覆っているが、最初は西欧世界の中で成立したにすぎなかった。近代国家が誕生した時点では、世界には、近代国家とは異質な国家が林立していた。

一方、近代国家の内部では、政治・経済・文化・教育・科学といった諸機能が分化した。先にふれた、政治と宗教の分化は中世の時代から始まっているが、それらが明確に分化したのは近代に入ってからである。イギリスが産業革命を通じて蒙った社会構造の変化というのは、政治と経済の分化であり、近代社会を特徴づけている「資本主義」や「民主主義」は、機能的に分化した経済システムや政治システムを表現している。近代社会では、政治と宗教、政治と経済に限らず、社会を構成する諸機能の全般的な分化が起こった。

したがって、近代国家は、内部においては機能分化を実現し、外部においてはウェストファリア体制を成立させた。近代社会は、このような近代国家を基本的な単位にした社会である。西欧世界の中で誕生した近代社会はその後、世界に広がるとともに、そのさらなる発展を通じて内部から変質していくが、この過程こそグローバリゼーションの歴史でもある。そこで本書では、ヒト・モノ・カネの世界的な流れが、近代社会の形成・発展・変容とどのようなかかわりをもちながら進行してきたのかを明らかにするかたちでグローバリゼーションをとらえてみよう。

●グローバリゼーションの四つの段階

このような視点に立脚すると、近代以降のグローバリゼーションは、四つの段階から成り立っていると考えられる。まず、グローバリゼーションは、二十世紀前半を境に二つの段階に分けられる。近代以降のグローバリゼーションは十六世紀から始まり、十九世紀後半に一つのピークを迎えた後、第一次世界大戦の勃発とともに中断する。そして、第二次世界大戦の終結とともに再開され、一九七〇年代以降に本格化する。とはいえ、子細に見るならば、この二つの段階はそれぞれさらに二つの段階に分けられる。

一九七〇年代以降になると、国家だけでなく、多国籍企業、ＩＮＧＯ（国際非政府組織）、ゲリラ組織など、さまざまな主体がグローバルな活動を展開するようになったため、後半の段階が国際化（国家間関係）のさらなる発展であるのか否かに関しては意見が分かれているが、前半の段階はどちらにとっても国際化として位置づけられてきた。しかし、近代国家が歴史の舞台に登場し始めるのは十七世紀であり、それが真の意味で確立されるのは十九世紀である。十九世紀以前のグローバリゼーションは、必ずしも国家間関係として展開されたわけではなく、国際化というよりは国際化への前史として位置づけられる。

一方、今日のグローバリゼーションが本格化するのは一九七〇年代以降であるが、第二次世界大戦終了後から七〇年代までの期間においても、グローバリゼーションが進行している。この期間は、過渡的性格が強いとはいえ、その背後にある社会構造に照らしてみると、独自の意味をもっている。七

○年代以前の期間とそれ以降の期間では、グローバリゼーションを支える社会の仕組みが異なっている。

したがって、近代以降のグローバリゼーションは、厳密にいえば、二つの段階ではなく、四つの段階からなる。先に、二十一世紀を特徴づけるいくつかの出来事を例示したが、それらの出来事の歴史的意味は、このようなグローバリゼーションの歴史的文脈の中に位置づけたときに明らかになるように思われる。

●本書の構成

以上のように、本書で扱う問題は多岐にわたっているので、あらかじめ本書の全体的な見通しを与えておくことにしよう。

まず第1章では、西欧の中世国家と対比しながら、近代国家の仕組みをその歴史的な形成過程に即して説明し、そのうえで国家間システムとしてのウェストファリア体制の特質を述べる。第2章と第3章では、上述した視点に立って近代以降のグローバリゼーションの過程を概観する。第2章では第一次世界大戦まで、そして第3章では第二次世界大戦後から今日に至るまでの過程を扱う。第4章では、いったん十九世紀の段階に立ち返って、近代社会の機能分化を説明し、次に、機能分化した政治・経済・文化（宗教と芸術）の関係がグローバリゼーションの進展にともなってどのように変容しているのかを述べる。

以上のことをふまえて、第5章では、現代社会が、中世的要素と近代的要素が混在した十七世紀の社会と多くの類似点をもつことを指摘し、「再帰的近代化論」（U・ベック）、「『新しい中世』論」（H・ブル）、「帝国論」（A・ネグリとM・ハート）、「ネットワーク社会論」（M・カステル）といった現代社会論が現代社会のいかなる側面に照準を当てていたのかを示す。そして終章では、現代社会が抱える問題として、民主主義・資本主義・多文化主義・地球環境に関する四つの問題を指摘する。

第1章

主権国家とウェストファリア体制の誕生

1　主権国家への道

●中世国家の特質

私たちが今、目にしている国家は「近代国家」ないし「主権国家」と呼ばれ、近代のヨーロッパに誕生した。ヨーロッパの原型がかたちづくられたのは中世であるが、中世国家と近代国家の間には本質的な違いが存在していた。

まず第一に、（西欧に限らないが）中世国家には、自国と他国を仕切る明確な国境が存在していなかった。国家が国境を有することは、今では当たり前だが、中世国家においては、国境が存在しないばかりか、他国の領土の中に自国の領土が飛び地として含まれることも珍しくなかった。イギリス領の一部がフランスにあったり、スペインの領地がオランダにあったりした。中世国家の領土は斑《まだら》模様を呈しており、領土の排他的な関係が確立されてはいなかった。

第二に、中世国家は、国内と国外を地理的な意味で分離できなかっただけでなく、国内を統治するうえで他国の政治的影響を排除しえなかった（田中［一九九六］）。中世ヨーロッパには、イギリスやフランスのような王国のほかに、神聖ローマ帝国が存在したが、国王や皇帝は、自分の勢力を拡大するために他国の王族と姻戚関係を結んだために、国王や皇帝の間には複雑な姻戚関係が形成された。たとえば、十六世紀前半に活躍したハプスブルク家のカール五世は、ブルゴーニュ公フィリップ美公＝カスティーリャ王フェリペ一世を父、カスティーリャ女王ファナを母にもち、自分自身は神聖ローマ皇帝であるだけでなく、スペイン王、カスティーリャ王、アラゴン王など、全部で七一の称号をもっていた（高澤［一九九七］）。王族間の複雑な姻戚関係は、王位継承をめぐって国家間の紛争を引き起こす原因にもなったが、いずれにせよ、王族の姻戚関係を通じて、国家の政治は他国の影響を受けざるをえなかった。

第三に、国王や皇帝は、国内を統治するにあたって地方の領主権力に依存すると同時に、ヨーロッパ全域を支配下に治めていたローマ・カソリック教会の権威にも服していた。中世の封建社会は、権力が多数の権力主体に分散した分権的な社会であったので、国王や皇帝が統治するといっても、国内の実質的な統治は、各地域に散在している領邦諸侯の手に委ねられていた。その一方で、国王や皇帝は、ローマ・カソリック教会の権威、すなわち教皇権に依拠していた。それぞれ皇帝は帝国、そして国王は国家の中で最高の権威として存在したが、皇帝権は王権に対して、そして教皇権は皇帝権に対して優越的な位置を占めていた。いかなる社会も、統治を行うためには、支配の正統性を示さなければならないが、そうした正統性の根拠は、近代以前には、支配者の恣意的な意志を超えた超越的な権威に置かれていた。宗教は、神の存在や彼岸の世界を解釈するだけでなく、そのことを通じて社会における正統的支配の根拠を提供していた。

このように西欧の中世国家は、地理的にも政治的にも国内と国外を明確に切り離すことはできなかった。中世の人々にとって、国家は必ずしも社会生活の基本的な単位ではなかった。生活のあり方を実質的に規定していたのは、地方領主が支配していた村落共同体であり、その無数の村落共同体を最終的に束ねていたのは、ローマ・カソリック教会であった。中世国家は、村落共同体からカソリック教会に至る重層的な統治構造の中間的な位相を占めるにすぎなかったのである。

●世俗化と宗教戦争

近代国家は、このような中世国家が解体する中から誕生した。その歴史的プロセスは、政治と宗教が分化していく世俗化の過程でもあった。E・デュルケームが指摘したように、社会的なものは当初、ことごとく宗教的色彩を帯びていたが（Durkheim〔1893＝1971〕）、世俗化を通じて、政治と宗教は切り離されていった。西欧において、世俗化は十三世紀ごろから始まるが（阿部〔一九九九〕）、近代国家の誕生は、世俗化という長大なプロセスの中に組み込まれている。中世盛期に、皇帝権や王権に対する教皇権の優位が確立されるが、以後、その関係が逆転していくのである。

近代国家の誕生を導くうえで決定的な出来事となったのは、中世後期に勃発した宗教戦争である。西欧中世社会の精神的紐帯《ちゅうたい》を作り出した「カソリック」は、語源的には「普遍的」を意味するギリシャ語「katholikē」に由来するが、中世後期になると、ローマ・カソリック教会の普遍的な統合力が急速に低下した。そうした中で、ルターやカルヴァンらによって宗教改革が起こり、「プロテスタンティズム」という、聖書主義を掲げる新しいキリスト教が登場した。そうした動きに対抗して、カソリック側も教会内部を刷新して勢力回復をはかるために「対抗宗教改革（反宗教改革）」運動に乗り出した。その結果、ヨーロッパ各地で宗教戦争が勃発した。

宗教戦争の中でも、最後にして最大の戦争となったのが三十年戦争であるが、この戦争こそ、近代国家を誕生させる直接の契機となった。三十年戦争は、一六一八年から四八年まで続き、戦火はヨーロッパ各地に及んだ。この戦争は、カソリックとプロテスタントの宗教的対立であると同時に、ハプスブルク同盟（神聖ローマ帝国、スペイン、カソリック諸侯）と反ハプスブルク同盟（イギリス、デンマーク、スウェーデン、ネーデルラント、フランス、プロテスタント諸侯）の政治的対立でもあった。当時のヨーロッパでは、神聖ローマ帝国とスペインに領土をもつハプスブルク家と、フランスのブルボン家が二大勢力を誇っており、政治的な覇権争いを繰り広げていた。フランスがカソリック国でありながらプロテスタント側に与したのは、ハプスブルク家の政治的力を抑えるためであった。

●三十年戦争とウェストファリア条約

三十年戦争は、最終的にはプロテスタント側の勝利、カソリック側の敗北に終わり、一六四八年にウェストファリア条約が結ばれた。ウェストファリア条約の締結は、以下の点で近代社会の形成にとって決定的な第一歩となった。

1　帝国形成の阻止　まず第一に、神聖ローマ帝国内のプロテスタント諸侯にほぼ完全な主権が認められたことによって、神聖ローマ帝国が有名無実化した。神聖ローマ帝国は最終的には、十九世紀のナポレオン戦争時におけるライン同盟の結成によって解体するが、すでに三十年戦争が終結した段階でかたちだけのものとなった。このことは、単に神聖ローマ帝国が多数の領邦国家へ分裂し、ドイツの近代化の遅れを招く原因となったことを意味するだけではない。カール五世がカソリック精神に基づく普遍帝国の構築を夢見ていたように（Roberts［1998＝2003］）、ヨーロッパ世界に一つの帝国が築かれる可能性は皆無ではなかった。

帝国というのは、その普遍性によって外部を内部に取り込み、理念的には外部の存在を否定するシステムである。帝国は、広大な領域をもち、自らの内部に多種多様な社会や文化を包摂している。もちろん、複数の帝国が併存することはありえたが、帝国の側から見れば、帝国は自らを世界システムとして構築している。たとえば、「ローマ人は、いかなる種類のものであれ国際的な権利や法律の存在を承認せず、自分たちの制度を既知の他のすべての世界に原則的に一般化できると考えていた」（Giddens［1985＝1999］100）。それは、ローマ人が自国の制度を世界制度として認識していたからである。その一方で、帝国の内部にはその全域を統治する行政機構が欠落していたので、帝国は、中心と周辺の支配／被支配関係を通じて緩やかに統合されているにすぎなかった。

世界の歴史には、ローマ帝国、ビザンティン帝国、中華帝国、オスマン帝国など、数多くの帝国が繁栄してきた。近代ヨーロッパ世界がこのような帝国として築かれたとしても不思議ではない。ハプスブルク家はオーストリア家とスペイン家に分かれていたとはいえ、十六世紀のスペインは、イギリスやフランスに先駆けて世界貿易に乗り出し、「太陽の没することなき帝国」とまでいわれた国であった。しかし、ヨーロッパ世界が一つの帝国として築かれる可能性は、後のナポレオンによる大陸制覇の際にもあったとはいえ、基本的にこの時点で排除されたのである。

2 主権国家の台頭 第二に、この条約によってネーデルラント(オランダ共和国)の独立、スイスの分離・独立、フランス、スウェーデンの領土拡大が決定された。このことも「反ハプスブルク同盟」の勝利以上の意味をもっていた。というのは、帝国化に代わってヨーロッパ世界が歩み始めた道とは、主権国家への道であったからである。

「主権」は、十六世紀の政治学者J・ボダンが提唱した概念で、「至上の権威」を表している。国内を統治する最高の権威・権力を握っている国家が主権国家にほかならない。中世国家においては、王権が皇帝権や教皇権に従属する反面、領主権力に阻まれて国内の隅々にまでその統治力が及ぶことはなかった。国家主権という考え方は、そうした中世的な国家権力を否定したところに成立する。

国家主権を確立するには、国家権力の及ぶ範域が確定されねばならず、そのためには明確な国境が必要であった。中世の時代には、国家間の境界は、国家の政治活動や経済活動と直接関係のない辺境地域にすぎなかったが、十七世紀から十八世紀にかけて生じた戦争と条約締結を通じて国家の領土が決定され、境界地帯に暮らす人々の国家的帰属を確定する動きが進んだ。ただし、地図上に国境線が文字通り引かれるようになったのは、十八世紀に入ってからのことである。

3 政治と宗教の分離の進展 第三に、政治と宗教の分離が進んだ。三十年戦争の際に破られたルールが復活し、当該地域の統治者がカソリックとルター派のいずれかを公認の宗教として選択する自由が認められた(高澤[一九九七])。また、ルター派とカルヴァン派の権利の同等性が認められるとともに、市民が統治者の定めた宗教に従いたくない場合には、移住したり私的礼拝を行ったりする自由も認められた。これらの決定は、十全な意味での宗教の自由を保証するものではなかったが、政治と宗教の分離を促進した。

4　国家による物理的暴力の独占

そして第四に、ウェストファリア条約の直接の影響ではないが、三十年戦争を機に進んだのが国家による暴力の独占であった。常備軍の最初の創設は、十五世紀のシャルル七世にまで遡るが、三十年戦争以前には、国家の軍隊は、基本的に傭兵《ようへい》によって組織されていた。当時のヨーロッパにおいて、戦争は最大の商売であり、私的な営利組織によって遂行されていた。三十年戦争の際、反皇帝側の名将で、軍事技術に革命を起こしたスウェーデン王のグスタフ・アドルフの軍隊ですら外国人傭兵が全体の九割を占めていたし、また「皇帝軍総司令官」であったヴァレンシュタイン伯爵は、軍事商売によって莫大な富を築いた傭兵隊長であった（Singer［2003＝2004］）。

傭兵集団から常備軍への変化は、中世から近代にかけて生じた兵器の技術革新、すなわち陸上戦では鉄砲、海上戦では大型帆船などの発明にもよるが、三十年戦争は、その歴史的な転換点となった。また、常備軍の創設は、市民と軍人の分離をも促進した。自衛が当然であった中世の時代には、市民は自ら武器を手にとって戦ったが、常備軍が編成される中で職業軍人が誕生した。

2 絶対主義国家から国民国家へ

世俗化の過程で起こった三十年戦争は、世俗化の流れを加速化させる出来事であったとはいえ、三十年戦争が終結した段階では、近代国家はまだ姿を現し始めたにすぎない。三十年戦争とウェストファリア条約締結の意義は、社会構造の再編を促す触媒的役割を果たした点にある。

●主権国家とは

では、近代の主権国家とはいかなる国家なのであろうか。D・ヘルドによれば、主権国家は次の四つの特徴を備えている（Held［1995＝2002］）。すなわち、①明確な国境によって領土が確定されていること（「領土権」）、②常備軍と警察の組織化というかたちで物理的強制力を独占していること（「暴力手段の統御」）、③法的思考に基礎づけられた権力構造を有すること（「公的人格としての権力構造」）、そして④「神権」や「国権」の主張を排除し、個人および国民としての人間が政治秩序の根幹に据えられていること（「国民主権」）。

近代国家が主権国家として成立するには、国家に帰属する領土と構成員を確定し（第一の特徴）、常備軍と警察を組織して物理的暴力を独占することが不可欠であるが（第二の特徴）、それだけでは十分ではない。国家の統治が国内の隅々にまで及ぶためには、中央集権的な行政機構とそれを支える法システムが整備されねばならない。国家権力が各地域に散在する領邦諸侯の権力に阻まれていた中世国家とは異なり、全国一律に妥当する法的制度の下で国家行政を展開するのが近代国家である。そうした国家行政は、中央集権的な官僚制の下で遂行されうる（第三の特徴）。

そして、その「公的人格としての権力構造」は、法システムという客観的・非人格的な規則に基礎づけられているだけでなく、国家の構成員の集合的意志に根ざしている。国家権力の公的人格性というのは、国家権力が、君主の私的人格から切り離されていることを意味している。国家の主権がひとたび国家の構成員に帰属されると、国家主権は国民主権や人民主権というかたちをとる。つまり、主権国家の正統性を保証しているのは、中世的権威としての「神権」でも、君主の権威としての「国権」でもなく、最終的には「国民主権」としての国家構成員の集合的意志なのである（第四の特徴）。

歴史的に見ると、以上の特徴を備えた主権国家は、絶対主義国家から国民国家へ移行する過程を通じて確立された。

●絶対主義国家

絶対主義国家というのは、没落しつつある封建領主と勃興しつつある市民階級との勢力均衡を利用して王権の絶対的な無制約性が追求された国家である。十六世紀から十八世紀にかけて登場し、イギリスのテューダー王朝および前期スチュアート王朝、フランスのブルボン王朝に代表される（井上編［一九九四］）。

絶対主義国家は、半封建的かつ半近代的な国家であり、中世的要素と近代的要素が混在した国家であった。封建領主を抑えて国内統一をめざした反面、国王自身が最大の封建領主でもあった。主権国家の四つの特徴の中で、領土の確定と物理的暴力の独占化は、絶対主義国家の下でそれなりに進んだが、公的な権力構造の形成と国民主権の確立はままならなかった。

絶対主義国家は、爆発性兵器や大型帆船といった近代的な兵器を大量に配備し、職業軍人を恒常的に雇用するために膨大な軍事費を必要とした。ヨーロッパでは、三十年戦争終結後も戦争が繰り返され、絶対主義国家は、軍事費を調達するために全国的な徴税システムや法システムを整備していった。しかし、目標と現実は必ずしも一致しなかった。というのも、地域によって課税率や課税対象が異なったり、適用される法が異なったりしていたからである。中央集権的な行政機構をめざしつつも、その目標を実現したわけではなかった。

こうした絶対主義国家の過渡的性格は、正統化の仕方において一層明瞭に現れている。絶対主義国家は、ローマ・カソリック教会による支配からの脱却をはかる一方で、「王権神授説」を理論的な拠り所にしていた。たとえば、三十年戦争のころにイギリス国王に即位したジェームズ一世は、王権が神に由来し、人民が王権に服従することを要求した。王権神授説は、王権の根拠が神に直接由来すると考える点で、ローマ教会（教皇）を媒介にして神と王権を結び付けた中世的思考とは一線を画していたが、宗教的権威に頼ることにかわりはなかった。

ギデンズのいうように、「絶対主義は、先行する封建的秩序の多くの要素を引きつづき保持しており、したがって、その相続人である国民国家との違いのほうが、封建主義との違いよりも大きかった」（Giddens［1985＝1999］113）。

●国民国家

「絶対主義国家の相続人」でありながら、絶対主義国家とは異質な国家が国民国家である。国民国家は英語でいうと、「nation-state」である。民族・国民を意味する「nation」と、国家を意味する「state」が結び付いていることからもわかるように、国民国家というのは、国家の領土に属する「民族」を「国民」（国家の構成員）として同定し、「民族＝国民」を主権者にした「国家」のことである。

ただし、国民国家は、社会的通念としては、同一の民族によって構成された国家と考えられているが、民族と国家の「一対一」対応は、必ずしも国民国家の現実の姿ではない。そればかりか、理念のレベルにおいても、国民国家には、ドイツ型とフランス型という二つのモデルが存在した（谷川［一九九九］）。前者の場合には、国民とは、同一言語を語る民族であるとされ、人種的・言語的な同一性が想定されているが、後者の場合には、国民は共和制的な国家原理に賛同する人々を指し、国家の道徳意識を共有するという人々の主観的選択が重視されている。

国民国家の二つのモデルは、国民国家がエスニックな起源をもちつつ、社会的に構成されたものであることを示している。ネーションに関しては、それを近代に創出された社会的産物とする見方と、古くから存続してきた歴史的実体とする見方に分かれているが、人種的・言語的な同一性という「客観的属性」も、厳密にいえば、ネーションの恒久的な実体性を保証するものではない（大澤編［二〇〇二])。

B・アンダーソンによれば、ネーションは「想像の共同体」である(Anderson [1983 = 1987])。正確にいえば、すべての共同体が自らを同一の集団とみなす心的イメージに支えられた「想像の共同体」であるが、近代の出版資本主義が生み出した新聞や小説は、近代の時空的枠組みの中でネーションを想像する社会的基盤を提供した。小説や新聞の読者は、同じ小説や新聞を読む、つまり同一の言語(出版語)を理解する他の無数の読者の存在を想像しうるが、そのようにして表象された共同体が「想像の共同体」としてのネーションである。印刷術は、出版語を、ラテン語の下位に、そして口語俗語の上位に置くことによって、コミュニケーションの統一的な場を創造した。そうした統一的な場をもとにして、ネーションが立ち現れたのである。

●公的権力構造としての近代官僚制

国民国家が形成されるのは、十八世紀末から二〇世紀初頭に至る「長い十九世紀」においてであるが、この段階において主権国家の四つの特徴がすべて揃うことになる。

第三の特徴である「公的人格としての権力構造」は、M・ウェーバーのいう「近代官僚制」として結実した(Weber [1947 = 1967])。ウェーバーにとって、官僚制支配は合法的支配の純粋型である。政府・軍隊・企業のいずれであれ、官僚制を採用した組織は、法に象徴される非人格的規則に従って編成されている。中央集権的なヒエラルヒーをなし、命令は上意下達式に組織の頂点から底辺に流れる。組織の構成員は、非人格的基準に基づいて任命・昇進・罷免され、給料受領者として職務の所有権から切り離されている。そして、官僚制は、組織の外に立つ社会の諸価値に対して中立的な立場に立ち、もっぱら形式的・手段的な合理性を追求する装置として機能する。

官僚制が「公的人格としての権力構造」を有するのは、このような非人格的な規則や基準に依拠しているからである。非人格的規則は、たとえトップであれ、個人の人格に由来する恣意的な選択を排除する。人格的要素の排除によって、組織は一個の「公的人格」として機能するのである。

●近代官僚制の形成

絶対主義国家は中央集権化を推し進めたとはいえ、国家の行政機構は王の私物であり、行政機構の官職も王の家臣である貴族の所有物にすぎなかった。国家の行政機構が真に官僚制化されたのは、十九世紀後半以降のことである。官僚制化が進展するプロセスは、M・マンによれば、「王朝君主政と戦争」「革命と改革と代表制」「国家の基盤構造と工業資本主義」という三つの局面（段階）に分けられる（Mann［1993＝2005］）。

まず第一の局面は一七〇〇～一七八〇年までの時期で、諸王朝は、戦争の必要に迫られて軍隊の官僚制化を推し進めた。軍事優先体制の財政と兵員動員の圧力の下で、軍事的・財政的な行政管理の合理化がはかられた。とはいえ、そこには大きな限界が存在した。というのも、個々の行政部局が統一的なヒエラルヒー構造の下に統合されていなかったし、また地方行政機構の中で、官職が有力な身分層によって選任もしくは所有されていたからである。

第二の局面は一七八〇～一八五〇年の時期で、封建的・絶対主義的な体制の解体をめざした市民革命を通じて、「腐敗した」公職所有を一掃し、国家を合理化することが政治的に受け入れられた。しかしこの段階でも、現実は理念通りには進まなかった。官僚制は党派の主義主張に対して中立的な立場をとる必要があったにもかかわらず、行政と党派政治を完全に切り離すことはできなかった。また、官僚制は潜在的な専制とみなされたために、国家の能率向上に対して警戒心が抱かれた。

そして第三の局面は一八五〇～一九一四年の時期で、政治と行政の分離が進むとともに、「代表権問題や国民（民族）問題」に決着がつけられたことによって国家の官僚制機能に関する国民的合意が得られた。また、資本主義的な工業化とともに国民の経済的統合と官僚制の法人企業モデルが発展したことによって、国家の役割と行政効率化の有用性をめぐる対立が緩和された。こうして国民主権と官僚制化が進展した。

●国民主権の確立

近代官僚制の「ヒエラルヒー構造」「非人格的な官職や規則」「政治から分離された中立的な行政機構」は、以上のような三つの段階を経て確立されたが、行政の政治からの分離は、政治の行政からの分離という、もう一つの側面をともなっていた。この点こそ近代国家の四番目の特徴と関連している。

市民の国政への参加がどれほど進もうと、政治的決定に直接携われる者は一部の人間に限られる。

その際、政治的決定に携わる者が各階級や各地域集団の代表者であるならば、国家の政治は、多元的な利益団体がぶつかりあう競合的な性格を免れられない。しかし、代表関係が、政治家と（利益団体ではなく）国民の間に築かれると、国家の政治的な意思決定は、国民の意志に基づいたものとして正統化される。マンのいう「代表権問題や国民問題」に決着がつけられるとは、こうした事態を指していた。

そして、政治家と国民の代表関係を基礎にして国家の政治が営まれるようになると、主権は「神権」でも「国権」でもなく、「国民主権（人民主権）」というかたちをとる。ヘルドのいう、人間を政治的秩序の根幹に据えた正統性とは、近代民主主義における正統性を指していた。絶対主義国家の段階では、政治的権威の究極的な拠り所が神という超越的な存在に求められたが、国民国家に至って、政治的正統性の根拠は神の意志ではなく、国民の総体的意志に求められるようになったのである。

人間が自らの集合的意志に基づいて自らの社会を創り出すとすれば、それは、神に対する人間の自律を物語っている。十三世紀ごろから始まった世俗化の動きは、十九世紀後半に至ってようやく実を結んだが、世俗化の行き着く先に近代民主主義が開花したのである。近代民主主義と古代ギリシャの民主主義の違いは、単に間接民主主義か直接民主主義かという点にあるだけではない。古代ギリシャの直接民主主義の母体となった都市国家（ポリス）は戦士共同体であったが、近代民主主義を成立させた近代社会は自律的な個人を前提にした社会である。近代民主主義は、バラバラな個人から社会を創出する「社会の構成原理」として構想されたのである（福田［一九八八］）。

3　近代の国家間システム

●内外分離と内的な自律性

先に述べた、①明確な国境、②物理的暴力の独占、③近代官僚制、④国民主権という主権国家の特徴は、近代国家が国内と国外を厳格に分離したうえで、国内を自律的に統治しうることを物語っている。中世国家がローマ・カソリック教会という外部の権威に依拠しつつ、国内に散在している領邦諸侯の権力に支えられていたのとは対照的に、近代国家は、理念的には外部の影響を排しつつ、国内を全域的かつ自律的に統治する仕組みを作り上げたのである。

内部と外部を明確に分離し、自律的にふるまうという点では、近代国家は、近代的個人と構造的な同型性をもっている。なぜなら、近代的個人も、理念的には自己と他者を明確に分離し、自己の内部的な原理に従って自律的にふるまう存在であるからである。個人にも、自己（内部）と他者（外部）を区別する物理的境界と意味的境界が存在する。皮膚によってかたどられる物理的境界が生得的に備わっているのに対して、自己と他者を区別する意味的境界は、個人の精神的な発達過程を通じて後天的に獲得される。そのため、自己と他者の意味的境界のあり方は、社会に応じて異なってくる。他者から明確に区別された自己意識をもち、自己が従うべき規範や基準を内部に取り込むことによって自らの行動を自分自身で決定する自律的存在、それが近代的個人である。

かつてM・フーコーは、十八世紀末から十九世紀にかけてJ・ベンサムが考案した監獄「パノプティコン（一望監視装置）」に収監され、看守の一方向的な視線の下で看守に「従属（subjection）」する囚人こそ、「主体性（subjectivity）」を備えた「近代的主体（subject）」の原理的モデルであるという逆説的な理論を提起した（Foucault［1975＝1977］）。近代国家も神の絶対的権威に直接従属する絶対主義の段階を経て、自らの絶対的権威を獲得した。近代的個人と近代国家に共通するのは「内外の明確な分離」と「内的自律性」であり、その意味で近代国家は大文字の「近代的主体」といえる。

●ウェストファリア体制

近代的個人と近代国家の間にこのような同型性が存在するために、近代国家と国家間システムの関係は、個人と国家の関係から類推するかたちで理解されてきた。絶対主義の時代に活躍したT・ホッブズは、自然状態の下では、各人が利己的にふるまう結果、「万人の万人に対する闘争」が生ずるように、すべての国家もそれぞれの死活的利益を追求して無秩序な状態に陥ることを指摘した。二つのレベルに違いが生じてくるのは、国家レベルでは、「万人の万人に対する闘争」を克服する手だてとして、強大な権力を有する国家が成立するのに対して、国家間レベルでは、そのような統一的な権力が存在しないという点にある。国内を統治する最高の権威が国家であるという主権国家の論理からは、国家をコントロールするいかなる超越的権威も導かれない。そのために、国家間の関係は、必然的にアナーキカルな性格を孕《はら》まざるをえないのである。

ホッブズ以降、現実主義的な国際政治理論は、国際関係をこのような関係として描き出してきた。主権国家の形成の出発点となったのは、これまで見てきたように、三十年戦争の終結とウェストファリア条約の締結であり、「国際法の父」として有名なH・グロティウスが『戦争と平和の法』を執筆したのも三十年戦争の最中であった。そのため、主権国家を単位にした国家間システムは「ウェストファリア体制」と呼ばれている。ウェストファリア体制の下では、法形成・紛争解決・法執行の権限の大半を掌握したのは個々の国家であり、国家間の不和は、最終的には暴力（戦争）によって解決されるほかない。国際平和を維持するための根本原則となったのは、「勢力均衡（balance of power）の原則」である。国家間の勢力を均衡させることが戦争の抑止に繋がる、というわけである（Held [1995＝2002]）。

もちろん、国家間の永続的な関係を創出するために国際法が取り結ばれたり、近代的な外交が発達したりしたのも事実である。戦争に明け暮れた十七・十八世紀とは打って変わって、一八一四～一五年のウィーン会議後の百年間は、「欧州協調（Concert of Europe）」と呼ばれる比較的平穏な時代が訪れた。とはいえ、国家間の永続的な関係の創出は、国家の政治目標に抵触しない範囲内でのみ許された。国際法は「共存の最低限のルールの確立を志向している」（同訳書、九八）。そればかりか、近代以前には正しい戦争と不正な戦争があるという「正戦論」の考え方が息づいていたが、それが否定され、主権国家には戦争をする権利があることが国際法の中で認められた（木畑［一九九七］）。

また、勢力均衡の原則は、国際平和に対して諸刃の剣でもあった。というのも、勢力均衡の維持は、国際平和を実現するどころか，軍事的緊張の要因にもなるからである。一国が軍備増強に走れば，他国も軍備増強に走らざるをえなくなる。二十世紀になると，核兵器を相互に保有することによって戦争を回避しようという「核抑止理論」が登場したが（中西［二〇〇三］），こうした考え方は，勢力均衡の原則から派生した究極の姿ともいえる。

ともあれ，主権国家の集合としてのウェストファリア体制の下では，国家を超えた上位の権威が存在しない以上，国家間の平和は「勢力均衡の原則」に頼らざるをえないのである。

●歴史の中のウェストファリア体制

ウェストファリア体制は十七世紀に姿を現し始めるとはいえ，この段階で世界が主権国家の集合として編成されたわけではない。

まず第一に，ウェストファリア体制を誕生させた西欧世界に限定しても，主権国家が唯一の主体であったわけではない。当時は，主権国家のほかに，都市国家，ハンザ同盟，傭兵組織など，さまざまな主体が存在していた。これらの主体が国際政治の舞台から消え去り，主権国家の集合として編成されるようになるのは十九世紀に入ってからである。

そして第二に，ウェストファリア体制は，あくまで西欧世界の内部で成立したシステムであり，その外部にはウェストファリア体制とは異なる世界が広がっていた。国家間の勢力均衡が国際関係の原則であるという論理も，ウェストファリア体制の内部論理にすぎなかった。しかも，次章で説明するように、ウェストファリア体制は、後に外部世界を駆逐しながら世界全体を覆うシステムへと発展していくが、そこには、まだ述べていない主権国家の側面がある。

そして二十世紀中葉には、ウェストファリア体制は真の意味で世界システムとなるが、そのころからウェストファリア体制の内部に綻《ほころ》びが生じ、それ自身が変質を遂げていくことになる。二十世紀後半になると、主権国家以外の主体が国際舞台に再び登場するとともに、主権国家のあり方も変容していく。国境を越えたヒト・モノ・カネの流れとしてのグローバリゼーションは、このようなウェストファリア体制の発展と変質をともなっている。その今日的変容を理解するためにも、グローバリゼーションが開始される近代初頭に遡り、そこからグローバリゼーションの長大なプロセスをたどる必要がある。

第 2 章

国際化とその前史

1　国際化の前史

●十六世紀の世界

前章で述べたように、近代の主権国家とそれを単位にした国家間システムは、十六世紀にはまだ誕生していなかった。十六世紀の世界を覆っていたのは、明帝国（中国）、ムガール帝国（インド亜大陸）、サファヴィー帝国（中近東）、オスマン帝国（地中海周辺）、アステカ帝国（中米）、インカ帝国（南米）といった諸帝国であり、帝国内では近代的な国際関係とは異質な関係が繰り広げられていた。

たとえば、アジアの東海域において支配権を握っていた中国の明帝国は、「朝貢《ちょうこう》体制」と呼ばれる交易形式をとっていた。明帝国と周辺諸国の間には君臣関係としての序列が存在し、周辺諸国は、明帝国に貢ぎ物を献ずるとともに、明帝国は、返礼として貢ぎ物以上の品物を授けた。明と交易を行うにあたっては、ヨーロッパ人もこの形式に従わざるをえなかった。その一方で、ムガール帝国のようなインド洋海域の王権は、近代の主権国家とは違ってウチとソトを厳格に区別せず、王室に貢献する人々が外国人であろうと、彼らを優遇するような開放性をもっていた。

商業は当時、ヨーロッパよりもアジアのほうが発達しており、アジアの商業と文化は成熟期を迎えていた。ヨーロッパ人が進出する以前から、アジアの海には広域的な交易圏が築かれ、「アジアの海での交易が世界の商品流通全体に大きな影響を与えていた。あえて極端な言い方をすれば、アジアの海こそが世界の中心だった」（羽田［二〇〇七］二七）。アジアの海は、太平洋岸の南シナ海からインド洋へつらなる「東海域」、インドの東西海岸とベンガル湾を結ぶ「中央海域」、紅海・アラビア海・ペルシャ湾を結ぶ「西海域」からなるが、十五世紀までには三つの海域を結ぶアジア交易圏が形成されていた。

●ヨーロッパ人の世界進出

ヨーロッパ人がアジア交易圏に参入した際、ヨーロッパ人は、アジアに輸出できるだけの安価で良質な品物をもっていなかった。ヴァスコ・ダ・ガマが、インド南西部のカリカットで王への献上品を見せた時、アラビア商人が持ち込むような価値ある品物がなく、インドの人々に笑われたというエピソードが残っている（Roberts［1998＝2003］）。

ところが、そのヨーロッパ勢力が後に世界貿易の覇権を握るようになる。十六世紀から十九世紀前半にかけて世界市場を形成したのはヨーロッパ勢力であり、その中心的な役割を担ったのはスペイン、ポルトガル、オランダ、イギリスであった。世界には、異なる仕組みをもったさまざまな社会が存在していたが、ウェストファリア体制という、ヨーロッパで誕生した国家間システムは、他のシステムを押しのけながら世界中に拡大していったのである。

もっとも、主権国家が確立されたのは十九世紀であり、近代のグローバリゼーションは、最初から国際化すなわち国家間関係の発展として進行したわけではなかった。スペイン、ポルトガル、オランダ、イギリスといった国家が関与していたとはいえ、十九世紀以前のグローバリゼーションは、国家主導ではなく、むしろ民間主導の下で進められた。「国際化の前史」とでも呼ぶべき過程が存在するのである。対内的には、主権国家が国民国家として確立され、対外的にはイギリスが世界覇権を握った十九世紀になって、世界は国家間関係として編成されるようになる。まずは、ヒト・モノ・カネの世界的な流れに着目しながら、国際化に至るまでの過程を追ってみよう。

●スペインとポルトガルの夢

世界進出の突破口を開いたのはスペインとポルトガルである。そのきっかけを作ったのが、十五世紀末にスペイン王室の援助を受けてアメリカ大陸を発見したイタリアの探検家コロンブスと、南アフリカ最南端の喜望峰経由でインドに到達したポルトガルの探検家ヴァスコ・ダ・ガマである。

両国の世界進出は、どちらも名目的には王室の事業であったが、イタリア系やドイツ系の資本や商人に依存していた。特に、金融で栄えたイタリアの都市ジェノヴァの資本や技術や人に負うところが大きかった（松井［二〇〇二］）。三十年戦争以前には、一国の軍隊が国籍を異にする多数の傭兵の集まりとして編成されていたように、王室の事業といっても、多国籍的な性格を帯びていた。厳密な意味での国境線が存在していなかった当時、戦乱や宗教的迫害があるたびに、人や資本が先進技術を携えて移動した。スペインとポルトガルが位置するイベリア半島においても、外部の資本や人がイベリア半島に来て海外進出に乗り出したのである。

両国が対外進出を企てたのは、商業的利益を得るだけでなく、キリスト教を伝導するためでもあった。ヴァスコ・ダ・ガマは、東方進出への航海の目的として「キリスト教徒と香料」を挙げている。イベリア半島では、イスラーム勢力に支配された国土の回復をはかる「レコンキスタ（国土回復運動）」が中世の時代から続いたが、イスラーム世界から独立を果たしたスペインとポルトガルは、その勢いに乗じてカソリックを世界に普及させようとした。

そして、両国はローマ教皇の仲介の下に地球を二分し（トルデシリャス条約）、世界分割をはかった。教皇子午線となった、アフリカ西岸ヴェルデ岬の西方五六〇キロメートルのラインから西側の新領土（ただし、ブラジルを除く）をスペイン領、そして東側の新領土をポルトガル領と定めた。この条約は、もちろん当事者が一方的に定めたものにすぎないが、こうしてスペインはアメリカに、ポルトガルはアジアとアフリカへ進出することになった。

●スペインの西方進出

アメリカを植民地化する過程で、スペインはアステカ帝国とインカ帝国を滅ぼしたが、世界貿易の形成にとって重要な意味をもったのは、銀山の発見と砂糖の生産であった。スペインは、メキシコでグアナファアト銀山、ペルーでポトシ銀山を発見し、銀をヨーロッパに持ち帰った。ヨーロッパの中で出回った銀はアジアに輸出された。長い間、ヨーロッパがアジアに提供しえたモノ、それが銀にほかならない。当時、銀を貨幣とする中国の貨幣制度がアジア貿易圏に影響を与えていたので、ヨーロッパ世界にとって銀山の発見は、いわば「カネのなる木」を手に入れたも同然であった。
また、砂糖の原料となるサトウキビは、コロンブスが二回目のアメリカ航海でサトウキビをアメリカに運んで以来、カリブ海の西インド諸島で栽培された。銀の産出と同様、サトウキビ栽培も膨大な労働力を必要とした。最初は「エンコミエンダ」と呼ばれる農奴制に似た制度の下で先住民が使われたが、先住民は、ヨーロッパやアフリカから持ち込まれた伝染病に免疫をもたず、また過酷な労働に慣れていなかったために、十六世紀半ばに絶滅してしまった（加藤・川北［一九九八］）。

その後、「エンコミエンダ制」に代わって、広大な土地と大量の労働力を使って単一栽培を行う「プランテーション制度」が導入されたが、その時、先住民に代わって労働力を提供したのが、アフリカから奴隷として連れてこられた黒人であった。西アフリカに拠点をもたなかったスペインにとって奴隷の確保は容易ではなかったが、スペイン政府は、商人や外国政府と奴隷供給契約を結ぶことによって奴隷を確保した。

以後、スペインに限らず、ポルトガル、オランダ、イギリス、フランスといったヨーロッパ諸国は十九世紀に至るまで大規模な奴隷貿易を展開した。奴隷貿易は、十八世紀にピークを迎えるが、アメリカ大陸へ連れてこられた黒人の数は、総計で約一〇〇〇〜二〇〇〇万人にのぼった。十六世紀から十九世紀初頭にかけての人口移動には、ヨーロッパからアメリカへの移住という、もう一つの大きな流れがあるが、その数が約二〇〇万人程度であったことを考えると、黒人のアメリカへの強制移住がいかに大規模なものであったかがわかる。ヨーロッパ世界は、アメリカというフロンティアを開拓するにあたって、社会的資源としてのヒトを奴隷貿易を通じて確保したのである。

●ポルトガルの東方進出

ポルトガルも、ブラジル領では奴隷を使ってプランテーション経営を行ったが、他のヨーロッパ諸国に先立って東方世界に進出した。ポルトガルのねらいは、アジア・ヨーロッパ間の「基幹貿易」を通じてアジアの香辛料と香料を手に入れることにあった。もっとも、ポルトガルに大きな利益をもたらしたのは基幹貿易ではなく、アジア内での貿易を仲介する「アジア内交易」であった。ポルトガルの商人は、ペルシャ絨毯《じゅうたん》をインドへ、マラッカ諸島産の丁子《ちょうじ》（スパイスの一種）を中国へ運び、日本からは銅や銀を中国に、そしてインドの服をシャム（タイ）に運んだ。当時、日本は、中南米に匹敵する銀の産出国でもあり、ポルトガルの極東貿易は、ヨーロッパの銀に頼らなくとも日本の貴金属との取引益によって採算がとれたのである（Roberts［1998＝2003］）。

こうして、スペインとポルトガルの手によって世界市場の形成への第一歩が踏み出された。スペイン王カルロス一世でもあった、神聖ローマ帝国のカール五世がキリスト教擁護者として世界帝国の建設を夢見たのは、このような社会的状況を背景にしていた。とはいえ、どちらの国も、世界貿易を通じて国内の体制を変革したわけでも、また世界的な分業体制を備えた世界市場を創出したわけでもなかった。対外進出の動機からして中世的要素を引きずっていた両国は、十七世紀になると、新興国のオランダやイギリスとの競争に敗れ、やがて歴史の表舞台から消えてしまう。スペインとポルトガルの世界進出は、松井透が指摘するように、「これを直接『ヨーロッパ近代の夜明け』と見るよりは、むしろ中世世界の遺産、ないし地中海世界の最後の光輝と考え、やがて全体が『近代の夜明け』に流れ込んでゆくのだとしても、そこには別個の史的要因が結びつく必要があった」（松井［二〇〇一］六六－六七）と考えるべきである。

●オランダ東インド会社とオランダの覇権

十七世紀に入ると、ヨーロッパ社会の停滞によって、ヨーロッパの世界進出は一時、足踏み状態を続けたが、そうした中で覇権を握ったのはオランダであった。ウェストファリア条約によってスペインから独立し、高度な造船技術を有するオランダ（かつてのネーデルラント）は、海運業が発達しただけでなく、金融面でもヨーロッパにおける国際金融の中心となった。首都アムステルダムでは、アムステルダム為替銀行をはじめ、世界的な金融機関が次々と創設され、世界中の資金がアムステルダムに流れ込んだ（加藤・川北［一九九八］）。

近代の世界市場を形成するうえで先導的な役割を果たしたのは、東インド会社のような特許会社である。十七世紀のヨーロッパ諸国では、対アジア貿易を行うために東インド会社が設立された。「東インド会社」といっても、インドとの貿易に従事しただけではない。当時のヨーロッパ人は、太平洋やインド洋周辺の国々をすべて「東インド」、アメリカ大陸やその周辺の島々を「西インド」と考えていたからである。「東インド」は、アフリカ大陸最南端の喜望峰より東側、アメリカ大陸最南端のマゼラン海峡に至るまでの領域を指し、その反対側の領域は「西インド」と呼ばれた。

東インド会社と国家の関係は、国によって多少の違いがあるが、東インド会社はいずれも民間の商事会社である。ただし、十七世紀は絶対主義の時代であり、政治と経済は完全には分化していなかった。東インド会社は、政府からの特許を得てさまざまな政治的権利を与えられていた。オランダ東インド会社は六つの会社の合併によって設立され、東インドで要塞を建設する権利、総督を任命する権利、兵士を雇用する権利、現地の支配者と条約を結ぶ権利を有していた。東インド会社は民間商事会社でありながら、政治的機能をも担う準国家的存在だったのである（羽田［二〇〇七］）。

オランダ東インド会社の目的は、ポルトガルに代わって香辛料貿易を独占することにあった。オランダ東インド会社は、しばしば武力を用いながらポルトガルの拠点を次々と征服し、十七世紀末ごろまでには、高級香辛料の貿易において他のヨーロッパ諸国の商人を排除した。その勢力は、インド洋とインドネシアのみならず、インドのカリカットやセイロン、喜望峰にまで及んだ。またオランダは、鎖国政策を敷いた日本とも通商関係をもち、本国から銀を持ち出さなくとも、日本や中国からの銀によって貿易を行うことができた（Roberts［1998＝2003］）。

しかし、そのオランダも世界市場のあり方を転換させるまでには至らなかった。大西洋経済の確立には成功しなかったし、十七世紀後半には、日本からの銀や銅の入手も困難になったことでオランダ東インド会社の優位は失われた。

●イギリスによる世界市場の形成

世界貿易を実現させただけでなく、世界市場をヨーロッパ中心の体制に組み替えたのは、産業革命に最初に成功したイギリスである。イギリス東インド会社が設立されたのは、現在の暦でいうと、オランダ東インド会社設立の前年にあたる一六〇一年であり、イギリス国内で絶対主義が最盛期を迎えたころである。絶対主義国家は、常備軍を維持するために商業資本と手を携えて重商主義政策を推し進めた。すなわち、貨幣（金や銀）の蓄積が国家の富に繋がるという認識の下に、輸出を伸ばし、輸入を抑えて貿易上の利益を得ようとした。そうした重商主義政策の一環をなしていたのが、特定の会社に貿易の独占を許す保護貿易主義である。

十七世紀のヨーロッパは経済的停滞に陥っていたので、イギリスの貿易も十七世紀前半までは、基本的にヨーロッパ内部に止《とど》まっていた。しかし、クロムウェルの「清教徒革命」を経て、チャールズ二世による「王政復古」の時代を迎えた十七世紀後半になると、イギリスの貿易はにわかに活発化した。重商主義政策は、絶対王政の打倒をはかった市民革命後も継続された。クロムウェルの特許状とそれを承認したチャールズ二世の特許状によって、イギリス東インド会社の体制も固まった。司法権、貨幣鋳造権、貿易活動のための軍事権、違法貿易船を検挙する権利が東インド会社に与えられたのである（羽田［二〇〇七］）。

イギリス東インド会社も、最初は香辛料や香料の獲得を主な目的としていたが、十七世紀後半になると、香辛料や香料が貿易全体の中で占める割合は相対的に低下した。それに代わって輸入量が増大したのが、インドの綿織物、中国の茶、日本の漆器、中国や日本の陶磁器、中国やペルシャの生糸、アラビア半島のコーヒーなどである。

イギリスはまた、大西洋貿易においては奴隷貿易を介在させた三角貿易を行った。一六七二年に、ロンドン商人が出資し、政府が特許を与えた王立アフリカ会社が設立されて以後、王立アフリカ会社は、二十数年間にわたって奴隷貿易を独占的に行ったが、その独占は、東インド会社ほどには成功しなかった。というのも、非合法的な商人による奴隷貿易も並行して行われていたからである。この時代の三角貿易は、まずイギリスから武器や軽工業製品（食器・衣服・農耕具）などをアフリカに運び、次いでアフリカから黒人奴隷を北アメリカや西インド諸島へ連れていき、そしてアメリカから砂糖・原棉・煙草などをイギリスに持ち帰るというかたちをとった。

●イギリスの産業革命

このような世界貿易を通じて、イギリスには富が蓄積され、産業革命が準備された。イギリスの産業革命は、マニュファクチュア（工場制手工業）の形成、囲い込み運動による自営農民の没落と賃金労働者の創出、科学技術の発達など、さまざまな要因が重なって起こったが、インドから輸入された綿織物は産業革命を引き起こすきっかけとなった。

東南アジアの高級香辛料の獲得競争においてオランダ東インド会社に敗れたイギリス東インド会社は、インドに進出し、インドから「キャラコ」と呼ばれた綿織物を輸入した。キャラコは、ヨーロッパの中・上流階級で爆発的な人気を呼んだ。イギリス政府は、国内の毛織物業界や絹織物業界を保護するためにキャラコ輸入禁止法を制定したが、それでもキャラコの人気は収まらなかった。

そうした状況の中で織機と紡績機の技術革新が起こり、産業革命が始まった。蒸気機関の発明による動力革命、鉄道・大型汽船の発明による運輸革命という一連の産業革命の中で、最初に繊維革命が起こったのは、インド産の綿織物に対抗するためであった（加藤・川北［一九九八］）。アメリカのプランテーション経営によって栽培された棉花を原材料とし、近代的な織機と紡績機を利用することによって、安価で品質の高い綿織物が大量に生産された。その成功によって、今度はイギリスの綿織物が世界へ大量に輸出されたのである。

●産業革命の影響

産業革命の影響は、イギリス国内の社会構造のみならず、世界貿易のあり方にも波及した。まずイギリス国内では、重商主義から自由主義への移行を通じて産業資本主義が勃興した。産業革命や市民革命を通じて勢力を伸ばした資本家階級は、これまでの特定の会社に特許を与える保護貿易に代わって、市場に対する自由な参入を認める自由貿易を主張した。オランダに対抗してイギリス海運の独占的利益の確保をめざしたイギリスの航海条例は、市民革命後の重商主義政策を代表する制度であったが、一八二〇年代から段階的に緩和され、一八四九年に廃止された。こうしたイギリス国内の制度的変革を通じて、政治と経済の機能分化が起こった。

そしてそのころ、インドとイギリスの関係においても重大な変化が進行していた。それまで対アジア貿易を独占していた東インド会社の商業活動が停止され、イギリス政府がインド支配に直接乗り出したのである。

当初、イギリス東インド会社は、商事会社として経済的利益を優先し、インドの植民地化に関しては慎重な姿勢をとっていた。しかし、十八世紀初頭に起こったムガール帝国の実質的な崩壊にともなって、インド国内の政治的混乱に巻き込まれていった。インドに進出したフランス東インド会社とインド社会の地方権力・ナワーヴ（太守）の連合軍と戦い、それに勝利してベンガル、ビハール、オリッサ地方の徴税権を獲得した。これを境にイギリス東インド会社は、商事会社から政治的な統治機関へと姿を変えていった（羽田［二〇〇七］）。

ところが、インドでの徴税活動が思いのほか困難を極め、会社の財政状況が悪化したため、東インド会社に対する本国での批判が高まった。その結果、一七八四年のインド法によって東インド会社はイギリス政府の監督下に置かれ、一八一三年にはインド貿易の独占、さらに一八三三年には中国貿易の独占が廃止された。ここに至って、東インド会社の歴史的役割は終わった。アジア貿易の独占権が剝奪《はくだつ》されたのと同じ一八三三年に奴隷制度も廃止された。保護貿易から自由貿易への移行は、イギリスがオランダに代わって世界貿易の覇権を握ったことの証でもあった（加藤・川北［一九九八］）。

そうした中で世界貿易の構造も大きく変化した。十九世紀前半になると、イギリスは、アジアにおいて新しい三角貿易を展開した。すなわち、イギリスからインドに綿製品が輸出され、インドから中国に棉花やアヘンが運ばれ、中国からイギリスに紅茶が輸出された。産業革命以前には、高級綿織物の生産地であったインドは、産業革命後には、原料生産地としての地位に転落した。オランダも覇権国家であったとはいえ、基本的にはアジア貿易に寄生したにすぎなかった。しかし、イギリスが覇権を握った時、世界貿易の構造は、イギリス（後にヨーロッパ）を中心とした構造に組み替えられたのである。

そして、この変化は貿易構造の変化に止《とど》まらなかった。安価で良質なイギリスの綿織物がインド社会へ流入し、それまで綿織物の輸出で栄えてきたインドの家内手工業が破壊されると、イギリス支配に対するインドの反感が強まり、シパーヒーの反乱（セポイの反乱）が起こったが、その鎮圧後、イギリス政府は、一八七七年にヴィクトリア女王を皇帝とするイギリス領インド帝国を成立させた。こうして、イギリス政府がインドを直接支配するようになったのである。

●グローバリゼーションの変転

イギリスとインドの関係の変化は、グローバリゼーションを考えるうえで象徴的な意味をもっている。

これまで見てきたように、十九世紀前半までのグローバリゼーションは、世界貿易による世界市場の形成として進展し（Wallerstein［1983＝1985］）、しかも民間資本の力によるところが大きかった（中西［二〇〇三］）。スペイン、ポルトガル、オランダ、イギリスのいずれであれ、産業革命以前において指導的役割を担ったのは民間資本である。重商主義時代における世界貿易を担ったのは、ヨーロッパ諸国で設立された東インド会社のような民間商事会社であり、国家から特許を得ていたとはいえ、国家が創設した会社ではなかった。十九世紀前半以前は民間主導型であった以上、この段階のグローバリゼーションは、国際化というよりは、国際化の前史として位置づけられる。

ところが、先に述べたようなヒト・モノ・カネのグローバルな流れをもとにしてイギリスで産業革命が起こり、経済と政治の機能分化という、イギリス社会（ひいては西欧近代社会）の構造変化が進むと、その影響は、ヒト・モノ・カネのグローバルな流れに反作用を及ぼした。世界市場の構造が組み替えられ、国家による植民地支配が進んだ。それによって、グローバリゼーションは、国際化という新しい段階を迎えた。国家が直接乗り出すことによって、政治のグローバリゼーションが経済のグローバリゼーションに追い付いてきたともいえる。もう少し正確にいえば、一方では、政治からの経済の分化を通じて、産業資本主義に基礎を置いた世界経済が形成されるとともに、他方では、経済からの政治の分化を通じて、政治的な支配・被支配を含む国際関係が形成されるようになったのである。

2 国際化

●ウェストファリア体制の膨張

イギリスで産業革命が始まったのは十八世紀後半であったが、産業革命の社会的影響が真に現れてくるのは十九世紀に入ってからである。イギリスが「世界の工場」としての地位を確立したのは十九世紀前半から中葉にかけてであり、このころ、産業革命はフランス、ドイツ、ロシア、アメリカ合衆国（以下、「米国」と略記）などへ飛び火した。産業革命に成功したヨーロッパ諸国は、十九世紀後半には普通選挙制度の導入などによって国民国家としての統合を強めていくと同時に、新たな植民地の獲得をめざして世界分割競争に走り出した。一八六〇・七〇年代から、いわゆる帝国主義の時代に入るが、福井憲彦が指摘するように、「国民国家と帝国主義とは一九世紀の同時代現象として現われる」（Porter［1994 = 2006］129: 訳者解説）。

ヒト・モノ・カネのグローバルな流れが本格化するのも、十九世紀後半から第一次世界大戦が始まる二十世紀初頭にかけてである。この期間は、ヨーロッパの内部では比較的平和な時代が続いたことから「パクス・ブリタニカ（イギリスの平和）」と呼ばれるが、イギリスが世界の覇権を握ったこの時期に、ウェストファリア体制は帝国主義的な運動を通じて膨張していくのである。そこで、ヒト（人口移動）・モノ（世界貿易）・カネ（資本輸出）の流れを押さえたうえで、その背後にある社会の構造的変化に言及しよう。

●ヨーロッパ系移民とクーリー

十九世紀後半から二十世紀初頭にかけての人口移動を見てみると、そこには二つの大きな流れが存在する（Castles & Miller［1993 = 1996］）。

一つは、ヨーロッパからアメリカ大陸への人口移動である。この流れは、すでに十六世紀から続いているが、その規模は劇的に拡大した。十九世紀後半から第一次世界大戦に至るまでの間に三〇〇〇〜四〇〇〇万人のヨーロッパ人が大西洋を渡った。最初はイギリスやドイツやスカンディナヴィアといった西欧・北欧諸国からの移民が中心であったが、十九世紀末からは南欧・東欧諸国からの移民が急増した。全期間を通してヨーロッパ最大の移民送出国となったのは、（アイルランドを含む）イギリスである（石見［一九九九］）。ヨーロッパ系移民の中には、オーストラリアやニュージーランドに移住した人々もいたが、その大半は米国を、そして残りはカナダ、アルゼンチン、ブラジルなどをめざした。

人口移動のもう一つの大きな流れは、アジア人労働者の移動である。黒人の奴隷制度は、十九世紀半ばに、イギリスに続いてヨーロッパ諸国（デンマーク、フランス、ベルギー、ロシア、オランダ）で次々と廃止されたが、黒人奴隷に代わって世界市場に登場してきたのが、「クーリー」と呼ばれたアジアの短期契約労働者であった。彼らは、旅費や支度金を前借りして現地に渡り、短期間の契約労働によって給料を得た。しかし、その身分は解放奴隷よりも低く、劣悪な条件の下で働かされた（木谷［一九九七］）。

クーリーの主要な供給国となったのは、インドと中国である。インド人が向かった先は、ビルマ、シンガポール、オーストラリア、フィジー、カリブ海のイギリス領、フランス領モーリシャス、タンザニア、ケニア、南アフリカ、ウガンダなどであった。一八七一年から一九一〇年までに約一三三二万人がインドを出国し、約九八四万人が帰国したので、純流出は約三四八万人であった（池本編［一九九二］）。

また中国では、南京条約が一八四二年に結ばれて以来、多くの中国人が祖国を後にした。中国人クーリーの行き先は、マラヤ、インドネシア、フィリピン、ジャワ、ニュージーランド、オーストラリア、南アフリカ、キューバ、ペルー、カナダ、米国などであった。米国への中国人の流入は、一八五〇年代から増大したが、一八八二年における中国人移民禁止法の制定以後、激減した。その結果、一八五三年から一九〇二年に米国に流入した中国人の総数は三六万人強で、帰国者を除いた約八万人が米国に残った（油井ほか［一九八九］）。

また、契約労働者を一部に含むかたちで日本人も海外に渡った。鎖国政策が廃止された一八六〇年代からハワイ、カナダ、米国へ、そして第一次世界大戦以後は、ペルー、アルゼンチン、ブラジルへ移住した（Held et al.［1999＝2006］）。

●世界貿易の発展と世界的な分業体制

十九世紀前半までは、世界貿易の規模はまだ低いレベルに止《とど》まっていたが、十九世紀後半から、その規模は急速に拡大した。貿易規模が拡大するスピードは、世界の実質生産高の成長を上回った。各国の生産に対して各国の貿易（輸出・輸入）が占める割合から、各国の対外的な依存度を知ることができるが、第一次世界大戦前における主要な国家の対外依存度は、一九七〇・八〇年代と変わらない、

表1　主要諸国の対外依存度（1913-1991年）

〈輸出／GNP〉　（%）

	1913	1929	1939	1950	1960	1970	1985	1991
イギリス	23.4	16.9	7.9	17.0	14.4	15.6	22.2	18.2
アメリカ	6.6	5.2	3.5	3.8	3.9	4.4	5.4	7.4
ドイツ	19.3	17.0	5.4*	8.5	15.8	18.6	27.3	24.8
フランス	13.9	14.5	7.4*	10.6	11.4	12.7	19.4	18.2
日本	13.8	16.0	11.9	7.5	9.2	9.8	12.8	9.3

〈輸入／GNP〉　（%）

	1913	1929	1939	1950	1960	1970	1985	1991
イギリス	28.3	24.6	14.5	19.6	17.7	17.5	22.8	20.6
アメリカ	4.6	4.3	6.6	3.2	2.9	4.1	8.5	9.0
ドイツ	20.5	16.8	5.6*	11.6	13.1	15.5	23.0	24.2
フランス	17.1	16.8	11.1*	10.5	10.4	13.5	20.7	19.5
日本	16.5	16.9	9.5	8.8	8.6	9.6	8.7	7.0

［注］　*　1938年。
［出所］　石見［1999］。

もしくはそれ以上の水準にあった（**表1**）。このことは、すでに二十世紀初頭の段階で世界貿易が著しい発展を遂げ、世界経済がグローバル化していたことを物語っている。

「世界の工場」となったイギリスは、他国から食料や原材料などの一次産品を輸入し、他国に対して工業製品を輸出するという貿易パタンを最初に生み出したが、産業革命がヨーロッパ諸国や米国に波及する中で、工業化に成功した先進地域が主に工業製品を輸出し、植民地化した開発途上地域が一次産品を輸出するという貿易パタンが確立された。ただし、米国は、十九世紀末には最大の工業国となっていたにもかかわらず、国内に広大な市場を抱えていたので、工業製品の輸出規模はヨーロッパ諸国よりも小さかった。また、東欧や南欧は、広大な穀倉地帯を有するために農産品を輸出する割合が大きかった。

こうして西欧諸国を中心とした先進地域と（日本を除く）アジアやアフリカの発展途上地域の間には「工業／農業」の区別を基礎にした世界分業が築かれた。世界貿易のうちの約半分は、工業国となった先進地域（主に西欧諸国と北アメリカ）の間で行われ、残りの半分は、先進地域と途上地域の間で行われた。途上地域間で行われた貿易は全体の一割にも満たなかった（Kuznets［1967］）。

●資本輸出と古典的金本位制

第一次世界大戦以前は、貿易だけでなく金融も自由化されていたので、モノ（商品）だけでなく、カネ（資本）も自由に国境を越えて移動した。資本の自由な移動は、通貨危機や金融危機を引き起こしやすいが、貯蓄の多い高所得国から貯蓄の少ない低所得国へ資本が移動することによって、低所得国の開発を促す効果が（少なくとも理論上は）ある。金融というのは、字のごとく金（カネ）を融通することであり、国際金融の機能の一つは、外国に対する投資である。

十九世紀から二十世紀における世界の対外投資をみると（**表2**）、一八二五年における対外投資の総計は九億ドルであったが、一八七〇年には約九倍の七九億ドル、そして一九一四年には、約五〇倍の四五四億ドルに達している。資本を輸出する投資国は、イギリス、フランス、ドイツ、オランダ、アメリカであるが、中でもイギリスは、十九世紀には最大の資本輸出国として世界における資本輸出の五割以上を占めていた。

表 2　全世界に占める投資国の対外投資の比率（1825-1938 年）

（%）

	イギリス	フランス	ドイツ	オランダ	アメリカ	総計(100万ドル)
1825	55.6	11.1		33.3		900
1840	58.3	25.0		16.7		1200
1855	63.9	27.8		8.3		3600
1870	62.0	31.6		6.3		7900
1885	55.7	23.6	13.6	7.1		14000
1900	51.1	21.9	20.3	4.6	2.1	23700
1914	44.0	19.9	12.8	2.6	7.8	45450
1938	41.7	7.0	1.3	8.7	21.2	54950

［出所］　Held et al.［1999＝2006］.

イギリスの資本は、十八世紀および十九世紀初頭までは、おおむねイギリス以外のヨーロッパ諸国に輸出され、投資先のヨーロッパ諸国の工業化を促進した。十九世紀後半以降、イギリス資本の輸出先は、南北アメリカ、アジア、アフリカ、オセアニアにも広がった。また、フランスやドイツの資本も、ヨーロッパ諸国家だけでなく、ロシア、アメリカ、アジア、アフリカにも輸出された。ただし、資本が世界の隅々に均等に行き渡ったわけではない。イギリス資本の主要な輸出先はアメリカと自国の影響圏（植民地や半植民地）であり、また他の主要国の資本の輸出先も主にヨーロッパと自国の影響圏であった（Held et al.［1999＝2006］）。開発途上地域への投資は、鉄道建設をはじめとするインフラ整備、鉱山開発、プランテーション経営などの資金に充てられた。

国際金融にはまた、投資（直接投資、株式）のほかに通貨（外国為替）に関連する機能がある。通貨は国によって異なるので、世界貿易を円滑に行うには、国際取引の決済に使われる基軸通貨を決めなければならない。基軸通貨として選ばれるのは、貿易規模や金融市場が発達した国の通貨であり、十九世紀にその条件を充たしたのはイギリスの通貨ポンドであった。

イギリスは、工業生産の面では、十九世紀末には米国に、そして二十世紀初頭にはドイツに追い越されるが、貿易と金融の面では、その後も世界をリードした。十八世紀から十九世紀にかけてイギリスは、世界最大の貿易国として世界貿易の一割以上を占め、多い時には三割を占めた。また、イギリスは「世界の銀行」でもあった。ロンドンは、十七世紀においてオランダのアムステルダムに次ぐ金融都市であったが、イギリスが世界経済の中心になると、世界貿易を支える金融機能がロンドンに集中した。

こうして十九世紀には、イギリスのポンドを基軸通貨とする古典的金本位制が成立した。金本位制というのは、金を本位貨幣（最終的な決済手段）とし、各国通貨の価値と一定重量の金を対応づけることによって通貨間の関係を確定した制度である。ポンドと金の関係も確定され、金との兌換《だかん》が保証されたので、ポンドが実質的に金の役割を果たした。金本位制は為替相場を安定化し、国際収支を均衡化する働きをもつとされるが、そのような働きは、金本位制に内在する自動的な調整機能ではなく、イングランド銀行に主導されたものであった（倉都［二〇〇五］）。

ちなみに、ポンドの正式名称である「ポンド・スターリング」は、直訳すれば「純銀（スターリング）の重さ（ポンド）」を意味した。アジアに限らず、銀は、メソポタミアやエジプトの時代から通貨として世界的に利用されていたが、十七世紀後半から金の価値が上昇し、十九世紀には銀に代わって金が通貨の主役となった。

●十九世紀のメディア革命

十九世紀におけるヒト・モノ・カネの巨大な流れの背景にはさまざまな要因が関与しているが、その技術的な要因となったのが、鉄道や大型蒸気船という近代的な輸送手段と、電信という近代的な通信手段である。かつて、M・マクルーハンは、人間の身体機能を拡張するものをメディアと考えたが、輸送手段や通信手段も人間の身体機能を拡張しながらヒト・モノ・カネの流れを媒介する点でメディア的機能を果たしている（McLuhan［1964＝1967］）。鉄道・大型蒸気船・電信の発明は、それらの流れを大規模化し、高速化する一種のメディア革命であった。

蒸気船（後に大型蒸気船）の出現によって、海上交通手段の主役は、帆船から蒸気船に代わった。世界における蒸気船の船舶トン数が帆船のそれを上回るのは十九世紀末であるが、大型蒸気船によって大量のヒトとモノを短時間に輸送することが可能になった。帆船の時代には、北西ヨーロッパから米国へ行くのに半月以上もかかったが、タイタニック号のような豪華客船が登場した二十世紀初頭には、四日程度にまで短縮された（木谷［一九九七］）。また、陸上交通において大型蒸気船と同様な役割を果たしたのが鉄道である。一八二五年、イギリスで最初に開通した鉄道は、十九世紀半ばにはヨーロッパ、北米、中南米、アジア、アフリカ、オセアニアの順に広がった（宮崎・奥村・森田編［一九八二］）。世界の鉄道距離は、一八六〇年には約一一万キロメートルであったが、一九二〇年には一〇倍の約一〇八万キロメートルに拡張された。

一方、海底電信ケーブルによる国際電信網は一八六六年から順次開設され、二十世紀初頭には、ヨーロッパ、米国、アジア、アフリカ、オセアニアすべてが電信で結ばれるようになった。電信網の開設によって、それ以前には三週間を要したイギリスとアメリカ大陸間の情報伝達は一日に、そして第一次世界大戦前には一分以内に短縮された（石見［二〇〇七］）。

こうしたメディアの誕生によって、ヒト・モノ・カネの流れが加速され、世界の時空的距離が圧縮された。十九世紀後半にメートルが長さの世界単位となり、イギリスのグリニッジを基準とする世界時間が決められたのも、近代的な輸送手段や通信手段に支えられたグローバルな活動が展開されるようになったからである。大型蒸気船や鉄道は、輸送量と輸送速度を飛躍的に高めただけでなく、正確な運行を可能にした。大陸の端から端を結ぶ鉄道や、大陸間を横断する大型蒸気船を正確に運行させるためには、世界に共通する時空的枠組みを作らなければならず、そうした状況が時空的枠組みの統一化を促したのである。

●世界の一体化と分裂

これらのメディアは時空的距離の圧縮によって地球の一体化を促進したが、同時に、ヨーロッパ世界と他世界の間には分裂が生じた（木谷［一九九七］）。

十九世紀以前のヨーロッパ人の多くは、植民地を獲得しても現地の社会や文化に溶け込んでいった。

その点では、十六世紀のポルトガル人も十八世紀のイギリス人も同じであった。イギリス東インド会社の職員の多くは、上流階級のインド人と同じような生活を送った。「しかしヴィクトリア朝時代のイギリス人だけはちがっていたのです。科学技術の発達のおかげで本国と容易に連絡がとれるようになり、さらには知性においても宗教においても自分たちのほうが絶対的にすぐれているという自信が深まった結果、彼らはインド社会にのみこまれることなく、逆に溝《みぞ》を深めていった」（Roberts［1998＝2003］69）。

海を隔てた国家同士の関係を築くためには、国家の意志を遠い他国に伝え、その効力を担保するだけのコミュニケーション回路が形成されていなければならない。通信手段が未発達な十九世紀以前には、国家が海の彼方を支配しようにも、その実効性はおぼつかなかった。ポルトガルの東方進出は王室事業であったにもかかわらず、現地化・私貿易化への流れを食い止めることはできなかった。「現地にとどまったまま現地の女性との結婚を重ねる彼らの子孫に、ポルトガル国王への忠誠心を求めるのはもはや難しかった」（羽田［二〇〇七］七一）。この時代のグローバリゼーションが国際化と呼べない理由の一つもここにある。

ところが、十九世紀における通信技術や輸送技術の発達は、時空的距離をグローバルなレベルで克服し、広域的なコミュニケーション回路を形成した。それによって、ヨーロッパ世界は自らの意志を世界の隅々にまで及ぼすことが可能になった。そうした状況の中で成立したのは、ヨーロッパ世界と他世界の分裂の下にヨーロッパ世界を優位に置く関係であった。空間的距離に対して、人々の意識のうえに成立する距離を「社会的距離」と呼ぶならば、十九世紀のメディアがもたらした空間的距離の圧縮は、社会的距離の拡大に繋がったのである。

もちろん、こうした事態は、技術がもたらした必然的な帰結ではない。この時期に見られたヒト・モノ・カネの大規模な流れは、「帝国主義」として特徴づけられる当時の主権国家の動向に規定されている。輸送手段や通信手段がメディア的機能を果たしているのは、単にそれらがヒト・モノ・カネの流れを媒介しているからではなく、ヒト・モノ・カネの流れと社会構造の相互規定的な関係を媒介しているからでもある。技術の背後には、それを生み出した社会構造が控えている。

●帝国主義と国民国家

前章では、ヨーロッパで誕生したウェストファリア体制が、複数の民族や社会を支配下におく帝国とは異なり、主権国家間の勢力均衡のうえに成り立つシステムであることを述べたが、ウェストファリア体制の外部にまで視野を広げると、話は変わってくる。主権国家が国民国家として国内統合を果たした十九世紀後半には、主権国家のそれぞれが植民地の拡大をめざす帝国と化したからである。

絶対主義国家から国民国家への転換が始まるのは十八世紀から十九世紀にかけてであるが、国民主権の下に国家的統合がはかられるのは十九世紀後半から二十世紀にかけてである。たとえば、イギリスで実質的な男性普通選挙制が成立したのは第三次改正の一八八四年、女性を含む完全普通選挙制が成立したのは第五次改正の一九二八年である。またフランスでは、女子を除く普通選挙法が制定されたのは一八七五年、女性の選挙権が認められたのは一九四五年である。普通選挙制の下で主権国家は、国民を主権者とする国民国家となるが、そうした変化が生じた一八七〇年以降こそ帝国主義の時代であった。

この時代に、産業化に成功した諸国——イギリス、フランス、ロシア、ドイツのみならず、後発の米国や日本も含む——は植民地獲得競争に走り、海外に広大な植民地を築いた。中でもイギリスは、それ以前に獲得した植民地を含めると、カナダ、オーストラリア、インド、シンガポール、香港、エジプト、南アフリカなど、地球の陸地の約四分の一を植民地とする世界最大の帝国（大英帝国）を築いた。主権国家間の勢力均衡という原則は帝国主義と矛盾するどころか、逆に、植民地獲得競争をエスカレートさせた。各国は、植民地の領有を通じて勢力均衡をはかろうとしたのである。

木畑洋一は、「この時期に世界を覆った諸帝国の『中心』が国民国家としての性格を備えていたということも、それまでの世界史における帝国のあり方とは質を異にする事態であった」と述べたうえで、次のように指摘している。「国民国家（ヨーロッパ外の日本も含む）の統合と、帝国の拡大・強化が相互補完的な意味をもつなかで、帝国主義は推進されていった」（木畑［二〇〇八］一五）。

●帝国主義をめぐる理解

では、帝国主義とは一体何であろうか。帝国主義に関しては、J・A・ホブソン、J・シュンペーターなどの理論があるが、最も有名なのはV・I・レーニンの帝国主義論である。レーニンは、主に帝国主義国の側から、しかもその社会・経済的な側面から帝国主義を説明した（Lenin［1952＝1956］）。それによれば、帝国主義というのは、①生産と資本の両面で独占が進み、②産業資本と銀行資本の融合によって金融資本が成立すること、そして、③商品輸出だけでなく資本輸出が増大し、④国際カルテルによる世界の市場分割と、⑤金融資本と国家権力の結び付きによる列強間の植民地分割が行われること、こうした特徴をもった資本主義のことである。

レーニンの帝国主義論は、今でも大きな影響力をもっているとはいえ、いくつかの批判も提起されている。まず、植民地の拡張は、植民地の面積でいうと、一八七〇年代以降よりも一八二〇年代から一八七〇年代までのほうが顕著であった。「自由貿易帝国主義論」を提起したＪ・ギャラハーとＲ・ロビンソンは、法的・制度的支配を行う帝国を「公式の帝国」、経済的支配に基づく帝国を「非公式の帝国」としたうえで、イギリスは自由貿易時代に広大な帝国を築いた以上、帝国主義と独占資本主義を段階的に対応づけることはできないと主張した（Nadel & Curtis eds.［1964＝1983］）。

また、産業資本と銀行資本が融合し、金融資本と国家権力が結託するというレーニンの主張に対しても疑問が投げかけられている。たとえば、Ａ・ポーターは、工業界と銀行界は「別個なあり方を続けており」、資本輸出と帝国建設の動きにはズレがあることを指摘している（Porter［1994＝2006］）。たとえば、第一次世界大戦開戦直前におけるイギリスの投資額を見ると、投資総額（三七億六三〇〇万ポンド）の四七パーセント（一七億八〇〇〇万ポンド）は帝国内に投資されたが、五三パーセント（一九億八三〇〇万ポンド）は、米国を含む帝国外に投資された。

こうした批判は、帝国主義における生産と金融、経済と政治が、レーニンが考えていたよりも複雑な関係にあったことを示している。すでに見てきたように、ヨーロッパ諸国による植民地化は十六世紀から始まり、イギリスによるインドの植民地化も十八世紀から十九世紀にかけて進んだ。また、十九世紀に政治と経済の機能分化が起こったことをふまえると、国家権力の動きと企業の投資活動の間にズレが生じても不思議ではない。

●グローバリゼーションの進展と挫折

帝国主義に対する正確な理解は今後の研究に期待するほかないが、十九世紀後半におけるヒト・モノ・カネの流れが帝国主義的な植民地化と米国の発展を基軸にして展開されたことは間違いない。「工業／農業」間の分業に基づく十九世紀の世界経済が帝国主義的運動の下で形成された際、インフラ的基盤の整備を含め、その形成過程で大量の労働力と多額の資本が投下された。先に述べたように、インド人クーリーは、世界各地のイギリス、フランス、オランダ植民地のゴム、砂糖プランテーション、鉱山、精米所、港湾荷役、鉄道建設のための労働力として使われた。インドの伝統社会の解体によって生じた大量の労働力は、世界各地の植民地をはじめとする発展途上地域で吸収されたのである。

また、中国人クーリーの海外流出のきっかけを作った南京条約は、中国の半植民地化の始まりでもあり、重税や戦乱を逃れるために多くの中国人が世界各地に散らばった。米国に渡った中国人クーリーは、主として鉱山と鉄道建設に従事し、漁業、農業、工業の部門でも雇用された。大陸西部・南部の鉄道建設やパナマ鉄道建設の主力となったのは中国人労働者であった（池本編［一九九二］）。

一方、十九世紀における米国の発展も、大量のヒト・モノ・カネの流入に支えられていた。移民国家として誕生した米国の人口は、一八五〇年の時点で二三〇〇万人であったが、一九一〇年には九二〇〇万人に達した（宮崎・奥村・森田編［一九八一］）。人口増加が含まれているとはいえ、人口移動の影響が大きい。そして、イギリスからは南北大陸への投資が行われ、米国に対するイギリスの投資は全体の二〇パーセント（七億五五〇〇万ポンド）に相当する。資本の流入は、鉄道建設・移民の流入・住宅建設を刺激した。資本の流入によって鉄道建設が進むと、移民の流入が加速され、住宅建設が促進された。この建設ブームは、金融恐慌によってたびたび中断したが、当時の金融恐慌は、比較的短期間のうちに終息した（石見［二〇〇七］）。

十九世紀から二十世紀初頭にかけてのグローバリゼーションは、このように世界の空間的な一体化を促進しつつ、分裂と支配の関係を内包するような社会変動のプロセスとして進行した。十六世紀には、主権国家システムの外部にはさまざまな帝国が存在していたが、第一次世界大戦開戦までには、それらの帝国はほとんど姿を消してしまった。代わりに国民国家を「中心（宗主国）」に据えた帝国主義的な国家が成立した。十九世紀はイギリスの世紀であったとはいえ、イギリスからのヒト・モノ・カネの大量輸出によって、二十世紀の覇権国家としての米国の基礎が築かれた。十九世紀のグローバリゼーションは、こうした状況の中で進展した。国際化としてのグローバリゼーションは、まずは帝国主義的運動として展開されたのである。

けれども、十九世紀に顕著になったヒト・モノ・カネの世界的な流れは、第一次世界大戦の勃発とともに頓挫してしまう。第一次世界大戦後の一九二〇年代には、米国は経済的繁栄を極め、西欧諸国も戦前並みの水準に戻ったが、一九二九年、ニューヨーク・ウォール街の株式市場で大暴落が起こった。米国の金融危機は世界に波及し、二年後には世界恐慌が発生した。自由貿易の旗手であったイギリスを含め各国は、国内経済を守るために保護貿易主義に走ったが、そのことが国家間の緊張を高め、第二次世界大戦に繋がった。グローバリゼーションが再び息を吹き返すには、第二次世界大戦の終結を待たねばならなかった。

第3章

国際化から超国際化へ

1　国際化の進展と超国際化の胎動

●第二次世界大戦後

第二次世界大戦が終わった時、世界の情勢は大きく変化していた。二つの世界大戦を通じて、ヨーロッパ諸国が、敗戦国・戦勝国を問わず、大きな痛手を受けたのに対して、米国は無傷に近かった。世界の覇権を握ったのは米国であり、そしてソ連であった。米国とソ連は、第二次世界大戦の際には同じ連合国であったが、戦後、政治的に対立した。東側陣営の社会主義国と西側陣営の資本主義国の間で政治的・軍事的な勢力争いが生じ、世界は東西冷戦の時代を迎えた。また、世界は北の先進国と南の発展途上国に分裂し、南北問題は、東西冷戦と並ぶ、否それ以上の問題となった。一九九〇年代に東西冷戦が終焉し、多くの社会主義国が資本主義化すると、米国は、文字通り世界の覇権を握った。

ただし、戦後に確立された米国の覇権は、そのまま今日に至ったわけではない。米国の覇権は、一九七〇年代から八〇年代にかけていったん揺らいだ後、九〇年代に再確立された。その覇権の揺らぎが起こった時期は、グローバリゼーションの転換期でもあった。

そこでまず、一九七〇年代末までのグローバリゼーションの過程を追ってみよう。この時期のヒト・モノ・カネのグローバルな流れは、東西冷戦と南北分裂を孕《はら》んだ戦後世界の復興・発展過程と結び付いていた。

●パクス・アメリカーナとブレトンウッズ体制

戦後の世界は、それぞれ西側陣営と東側陣営の盟主であった米国とソ連に主導されたとはいえ、とりわけ米国の世界に対する影響は大きかった。すでに第一次世界大戦前にイギリスの生産力を追い抜いていた米国は、一九四八年には世界の工業生産の五三パーセントを占め、輸出額でもイギリスを追い抜いて世界の二四パーセントを占めた。米国が保有する金のシェアも、一九三八年の時点で世界の五六パーセント、一九四八年には七五パーセントに達していた（石見［一九九九］）。こうした米国の経済力と金の保有量が基軸通貨としてのドルの地位を保証した。戦後における米国の覇権は、「パクス・アメリカーナ」と呼ばれている。

一九四四年、米国のブレトンウッズで、連合国四四カ国の参加の下に、戦後の国際金融・国際貿易の枠組みを検討する会議が開催された。そこでの決定をふまえて、国際通貨基金（ＩＭＦ）と国際復興開発銀行（ＩＢＲＤ）が設立され、金とドルを中心にした国際通貨体制が構築された。イギリスのポンドに代わって、新たな基軸通貨となったのは米国のドルであった。

新しい通貨体制の下では、金一オンス＝三五ドルという交換比率をもとにして、各国の通貨とドルの交換比率すなわち為替レートが決められた。たとえば、日本の円とドルの関係は一ドル＝三六〇円となった。各国は、固定相場の公的基準となる平価の上下一パーセントの変動内に為替レートを維持するように義務づけられた。各国の通貨とドルの交換比率が基本的に固定されたので、各国の通貨は、ドルを介して金と交換可能性をもった。

このような固定相場制を基礎にした国際金融・国際貿易の枠組みが「ブレトンウッズ体制」である。ブレトンウッズ体制のねらいは、一九三〇年代の保護貿易主義や通貨の切り下げ競争が国際的な緊張を高めたことへの反省のうえに立って、世界の自由貿易体制を再建することにあった。ドルを基軸通貨とした固定相場制によって為替取引の自由と安定をはかろうとしたのである。

●フォーディズム

世界に対する米国の影響は、政治・経済のレベルに止《とど》まらず、文化のレベルにまで及んだ。戦後は、物質的豊かさを享受する生活スタイルが普及したが、そのモデルを提供したのも米国であった。物質的豊かさを追求する戦後の生活スタイルを支えたのは、「フォーディズム」と呼ばれる社会の再生産様式であり、「フォーディズムは米国の国際的な覇権と結びついていた」(Hirsch［2005＝2007］115)。レギュラシオン学派が提唱した「フォーディズム」という概念は、単なる画一的な大量生産システムを指しているのではなく、「資本の蓄積様式」と「社会の調整様式」の総体を表している。

米国では、すでに二十世紀初頭にフォード社が「T型フォード」の大量生産に成功し、それを皮切りに画一的な大量生産の時代に入った。ベルトコンベアーに象徴される画一的な大量生産システムは、その効率的な生産によって経済的収益を高める「資本の蓄積様式」として機能したが、画一的な大量生産システムだけで豊かな生活を持続させることはできなかった。現に、世界恐慌が起こったのは、一九二〇年代における「空前の好景気」後のことである。

第二次世界大戦後、西側の先進国はケインズ主義的なマクロ政策をとり、マクロ経済の安定と有効需要の創出をはかった。戦後の国家は福祉国家として、公共支出を通じて雇用を安定させ、国民の最低水準の生活を保障した。「福祉国家」という概念は、第二次世界大戦中、イギリスのベヴァリッジ報告の中でナチスの「戦争国家」と対比されるかたちで登場したが、戦後の西側先進国を表す概念として定着した。福祉国家の誕生とケインズ主義政策の実行によって、効率的な大量生産を行うだけでなく、その生産物を国内で消費する循環的な回路が形成された。ケインズ主義的な福祉国家は、レギュラシオン学派のいう「社会の調整様式」として機能した。

一九七〇年代までの資本主義は、国内的には画一的な大量生産（資本の蓄積体制）とケインズ主義的な福祉国家（社会の調整様式）が結び付いた社会の再生産様式、すなわちフォーディズムによって特徴づけられる。政治的・イデオロギー的には、東西冷戦という対立が存在したが、市場システムは「大きな政府」の下で機能していた。当時の資本主義は、計画経済と市場経済、社会主義的要素と資本主義的要素を組み合わせていたので、「混合体制」「組織化された資本主義」ともいわれる。

●主権国家の拡大

第二次世界大戦後から一九七〇年代末までの時期をグローバリゼーションの歴史の中に位置づけてみると、この時期は、主権国家の力が拡大する反面、主権国家の論理から逸脱する動きが現れるという両義的な性格を帯びていた。

まず政治的な次元でいうと、植民地の独立によって主権国家の数が劇的に増大した。一九四二年以前には、独立国家の数は六七カ国であったが、一九七九年までに九〇カ国が新たな独立を遂げた（外務省外務報道官編［一九九九］）。最大の植民地帝国であったイギリスからは、インド、ビルマ（ミャンマー）、マレーシア、シンガポール、パキスタン、イスラエル、クウェート、アラブ首長国連邦、スーダン、ガーナ、ナイジェリア連邦、ウガンダ、ケニアなどが独立し、イギリスに次ぐ植民地帝国であったフランスからは、ラオス、カンボジア、ヴェトナム、レバノン、モロッコ、チュニジア、ギニア、コンゴ、アルジェリアなどが独立した。また、日本の植民地となった朝鮮半島も、大韓民国と北朝鮮に分裂するかたちで独立した（室井［二〇〇二］）。

十七世紀のヨーロッパに出現した主権国家間システムは、十九世紀における帝国主義的な膨張を通じて世界各地に植民地を作ったが、二十世紀後半における植民地の独立によって、世界全体が主権国家の集合として編成されるようになった。つまり、主権国家の集合としてのウェストファリア体制は、世界全体を覆う世界システムへと発展したのである。

●新たな国際レジーム構築への動き

その一方で、この時期には主権国家の論理から逸脱する動きも現れてきた。第1章で述べたように、ウェストファリア体制は、国家を唯一の構成主体とし、原理的には国家間の勢力均衡によって秩序を維持するシステムである。「国際法のウェストファリア・モデルは近代を通して批判されてきたといわれるけれども、そうなったのは、新しい国際的な規制モデルが広く唱道され、受容され、国連憲章の採択へと結実した、第二次世界大戦後のことであった」（Held et al.［1999＝2006］102）。

第二次世界大戦後、国際連合をはじめとする各種の国際機関が創設され、集団安全保障の考え方が生まれた。集団安全保障というのは、勢力均衡の原則と違って、国際紛争を国家間の集団的な協力体制の下で解決しようというものである。集団安全保障制度は、すでに第一次世界大戦後の一九二〇年、米国ウィルソン大統領の提唱の下に創設された国際連盟の中で定められたが、国際連盟は、肝心の米国が国際連盟に参加せず、ソ連も途中参加であったこともあって有効に機能しえなかった（木畑［一九九七］）。これに対して、国際連合では、武力行使を含む制裁力の強化など、国際連盟よりも強い機能がもたされた。とはいえ、集団安全保障の実行にはさまざまな困難がともなっており、国際連合の下でも集団安全保障が実現されたわけではなかった（中西［二〇〇三］）。

また、東西冷戦の幕開けとともに、一九四〇年代から五〇年代にかけて二つの国際軍事同盟が結成された。一つは、西側の北米諸国（米国、カナダ）と欧州諸国（イギリス、フランス、オランダなど）を加盟国とする北大西洋条約機構（ＮＡＴＯ）で、ソ連の脅威から西欧世界を防衛することを目的としていた。そして、もう一つは、ソ連と東欧の社会主義国がＮＡＴＯに対抗するために結成したワルシャワ条約機構（ＷＴＯ）である。これらの軍事同盟の結成によって、加盟国は軍事同盟の意思決定に拘束されるようになった。ウェストファリア体制は、国際化が最も進んだ時期に内部から侵食を受けるようになったのである。

●埋め込まれた自由主義

政治ほど明確ではないが、国家主権をめぐる二つの対立的な動きは、経済の次元でも見られた。ブレトンウッズ体制の下で戦後の自由貿易が再建された際、貿易の自由化に対する一定の適用除外措置が設けられただけでなく、資本の移動が制限された。その理由は、一言でいえば、福祉国家の理念の下に各国が自律的な経済政策をとるためであった。

固定相場制を前提にして自由な資本移動が起こると、国家は、自律的な金融政策をとることが困難になる。詳細な説明は省くが、固定相場制、自由な資本移動、国家の自律的な金融政策のすべてを両立させることはできない。固定相場制の下で資本が自由に移動すると、国家の定めた金利水準が変動してしまうからである（石見［二〇〇一］、高木［二〇〇六］）。ブレトンウッズ体制は、自由な資本移動を犠牲にして固定相場制と国家の自律的な金融政策をとった。資本取引を規制することによって「各国ごとに金融市場が分断され、福祉国家政策が可能になった」のである（櫻井［二〇〇六］二五二）。

ちなみに、第一次世界大戦以前には資本の移動も自由化されていたが、その国内的影響は今ほど大きくなかった。「国内的影響はかなりの水準の保護主義、帝国の貿易特恵、前例のない水準の経済的移民、また経済調整の社会的費用に国は限られた責任しか負わないという大前提により大きく中和されていた」（Held et al.［1999＝2006］336）。公共的な経済政策に今ほど力を入れていなかった十九世紀の国家は、そのぶん金融の自由化による国内的影響を蒙らずに済んだわけである。

また、貿易に関する適用除外措置が設けられたのも、国家主権に配慮したからであった。米国は当初、国際貿易機関（ＩＴＯ）の設立をめざしたが、それが設置されると、国家主権が侵害され、国内産業を保護することが困難になるという判断の下に、推進者であった米国の議会やイギリスの議会で条約の批准が拒否された。ＩＴＯに代わって、拘束力の弱いＧＡＴＴ（関税及び貿易に関する一般協定）が成立したが、そこでも農産物などに関しては、貿易の自由化は認められなかった。

このような戦後の国際レジームを指して、J・ラギーは「埋め込まれた自由主義」と称した（Ruggie [1982]）。ラギーによれば、戦後の国際レジームは市場の効率性と社会的共同体の価値の妥協の産物であり、「経済の自由化が社会的共同体に埋め込まれることになった」（Held & Archibugi eds. [2003＝2004] 92）。両者の妥協をはかるうえで鍵的役割を果たしたのが政府であり、政府は、資本取引の規制やセーフティネットの設置によって両者の妥協を成立させようとしたのである。

要するに、第二次世界大戦後の市場は、国内市場・海外市場を問わず、国家の規制を受けながら作動しており、国家主権を脅かすほどの存在ではなかった。福祉国家という戦後の主権国家は、国内秩序のみならず、国際秩序を形成するうえで市場に対抗しうるアクター（行為主体）でありえた。

●ユーロ・ダラー市場の発展

ところが、このような資本市場に対する国家規制の網をかいくぐり、やがては国家規制そのものを破綻《はたん》に追い込む動きも進行していた。それが「ユーロ・ダラー市場」の発展である。ユーロ・ダラー市場というのは、西ヨーロッパで誕生した、ドル建て取引を行う市場のことである。自国通貨以外の通貨建て取引を行う市場を「ユーロ・カレンシー市場」というが，その一つがユーロ・ダラー市場である。

ユーロ・ダラー市場の歴史的起源は，東西冷戦の激化にともなって，ソ連が西側諸国との取引で得たドルをアメリカに没収されるのを恐れて西ヨーロッパの銀行に預け，その銀行がドルを自国通貨に交換しないまま海外に貸し出したことにあるとされている。ユーロ・ダラー市場は，資本の国内規制に従わなくて済むことから，ユーロ・ダラー銀行と顧客の双方にとって大きなメリットを生んだ。一九六〇年代後半になると，米系多国籍企業が本格的に参入し，市場拡大の道を開いた。多国籍企業にとっては，取得した外貨をユーロ・ダラー銀行に預けることで本国の資本規制を免れられるし，ユーロ・ダラー銀行から巨額の資金を借り入れることができた（Held et al.［1999 = 2006］）。

ユーロ・ダラー市場の発展にともなって，国家の資本規制は形骸化していった。一九八〇年代から始まる金融の自由化は，国家の自律性を脅かす重大な要因となるが，金融の自由化に至る素地は，すでに八〇年代以前にできていたのである。

●現代的グローバリゼーションへの過渡期

このように戦後から一九七〇年代までの時期は，主権国家システムとしてのウェストファリア体制が発展すると同時に，ウェストファリア体制に対する侵食が始まるという点で過渡的性格を帯びていた。

その際、ウェストファリア体制の発展は、植民地の独立によって主権国家システムの外部的拡大を意味するだけではない。福祉国家の誕生は、主権国家の内部的発展を意味している。十九世紀に国民国家が確立された時、国民が国家の主権者となったが、国民が真に国家の主権者となるには普通選挙制度によって国民に選挙権が与えられるだけではなく、国民の政治参加を支える社会的条件が整備されなければならない。戦後の福祉国家は、社会保障や社会福祉に力を注ぐことによって国家の主権者としての国民の地位を実質的に保証した。

国民主権を基礎にした主権国家には、国家が国民によって構成されるとともに、国民が国家によって構成されるという循環的な論理が働いているが、そうした循環的な論理を完成させたのが福祉国家であった。福祉国家は、その意味では主権国家の完成形態ともいえる。国際化を、主権国家を単位にした国家間システムとして世界を編成する過程としてとらえるならば、国際化は、主権国家が内部的発展と外部的発展を遂げたこの時期にピークに達したともいえる。

だが先に述べたように、この時期には、国際化に還元できない新しい動きも芽生えていた。従来の国際法の中では、国家のみが主体であり、国家以外の存在は客体として扱われてきた。これに対して戦後の世界では、国連のような国際組織や、NATOやワルシャワ条約機構のようなリージョナルな組織が誕生し、さらに世界人権宣言（一九四八年）、欧州人権条約（一九五〇年）、米州人権条約（一九七八年）といった協定を通じて、個人や集団が国際法の主体として認められるようになった（Held et al.［1999＝2006］）。これらは、超国際化という、一九八〇年代以降に本格化する動きの兆候でもあった。

●資金供与中心の流れ

この時期のヒト・モノ・カネの流れも、東西冷戦下における戦後世界の復興過程に組み込まれていた。ブレトンウッズ体制の下では、資本の移動が自由化されていなかったため、カネの世界的な流れは、融資や贈与が中心となった。西欧諸国の復興を支えるうえで大きな要因となったのは、国際復興開発銀行や米国からの資金援助であった。国際復興開発銀行（後の「世界銀行」）は、一〇〇億ドルの授権資本をもとに加盟国の復興のための資金を供与した。また米国は、G・C・マーシャル国務長官が提唱した「マーシャル・プラン（欧州復興計画）」によって、欧州諸国に対して総額一〇〇億ドルの資金援助を行った。米国がこのような多額の資金援助（九割が贈与で、残りの一割は借款）を行ったのは、西欧諸国の共産主義化を阻止するためであった。

一九五二年にブレトンウッズ体制に加盟した日本も、国際復興開発銀行から借款を受けたが、日本の戦後復興は、朝鮮戦争の勃発にともなう戦争特需の影響が大きかった。西欧諸国や日本はアメリカの覇権の下で高度成長を遂げ、工業生産の飛躍的な回復によって貿易黒字国となった。また、ソ連や東欧の社会主義国も、資本主義国ほどではないが、高度成長を実現した。

東西冷戦の影響は先進国だけでなく、発展途上国に対する援助にも及んだ。東西両陣営は、勢力拡大のために資金援助競争を行った。西側陣営（開発援助委員会加盟の一七カ国）と東側陣営（ソ連・東欧の七カ国）が発展途上国に対して行った二国間援助の総額は、一九六一年にはそれぞれ四七億ドルと八億ドルであったが、一九七五年にはそれぞれ一一三億ドルと二七億ドルに達した（宮崎・奥村・

森田編［一九八一］）。また、マーシャル・プランによって西欧諸国の復興が進むと、国際復興開発銀行（世界銀行）は、主に途上国向けの資金供与を行う機関となった。ただし、途上国に対するこれらの資金援助の規模が途上国の期待にはほど遠かったことも事実である。

●戦後貿易と南北問題

戦後の国際貿易は、世界の生産の成長率を上回るスピードで発展したが、国際貿易の構造を見ると、先進国が工業製品を輸出し、発展途上国が一次産品を輸出するという、十九世紀に確立された貿易パタンはそのまま維持されていた。さらに、世界輸出に占める発展途上国（第三世界）の割合は、一九五〇年には三〇パーセントであったが、六〇年には二一パーセント、七〇年には一七パーセントに落ち込んだ（宮崎・奥村・森田編［一九八一］）。植民地時代に伝統産業を破壊された発展途上国の産業構造は、特定の輸出向け商品の生産に特化したモノカルチャー経済となっており、その産業構造は変革されないままであった（室井［二〇〇二］）。

こうした南北問題を孕《はら》みつつも、戦後の国際貿易が急速な成長を遂げられたのは、先進国間の貿易量が増大したからである。天然素材に代わって化学繊維やプラスチックなどの合成原料が普及したこと、所得水準の上昇にともなって食料や他の一次産品への需要が相対的に低下し、多様な工業製品への需要が増大したことなどの理由から、先進国間貿易がさかんになった（石見［一九九九］）。

●先進国への人口移動

人口移動に関していうと、西欧諸国、北米（カナダと米国）、オーストラリアに大量の人口が流入した。

ヨーロッパの戦後復興を支えたのは、ヨーロッパに流入した、大量の資金と大量の人口であった。西欧諸国は、これまで大量の移民を送り出してきたが、第二次世界大戦後は一転して、移民の受け入れ国となった。一九七〇年代までに、西欧の工業国はいずれも、労働力確保のために短期労働者雇用（ゲストワーカー）制度を採用したことから、アイルランドやフィンランドなど、当時工業化が進んでいなかったヨーロッパ周辺国の労働者がゲストワーカーとして入国した。さらに、旧植民地から移民が職を求めて旧宗主国のイギリス、フランス、オランダなどに入ってきた。ゲストワーカーには市民の地位は与えられなかったが、植民地労働者には旧植民地支配国の市民の地位が与えられた（Castles & Miller［1993＝1996］）。

また一九六〇年代に入ると、北米とオーストラリアへの人口移動が始まった。カナダは大量移民政策を採用し、オーストラリアは大規模な移民計画を実施した。どちらの国も、社会発展のために大量の人口を必要としたからである。当初は、ヨーロッパ系の移民が多かったが、後に非ヨーロッパ系の移民が増大した。また、古くから大量の移民を受け入れてきた米国は、一九二〇年代に移住規制法によって移民の受け入れを一時的に制限したが、一九六五年の移民法ならびに国籍法の改定を機に、再び移民を受け入れるようになった。一九五一年から八〇年までの間に約一〇〇〇万人の移民が米国に流入した（春田・鈴木［二〇〇五］）。この時期の特徴として，アジアやラテンアメリカからの移民が増加したことが挙げられる。

●戦後体制の崩壊

こうしたヒト・モノ・カネの流れを通じて，北の世界を中心に，戦後世界の復興と発展が実現された。ブレトンウッズ体制とフォーディズムは，資本主義の「黄金期」をもたらした。しかし，その繁栄は長続きしなかった。戦後体制の崩壊を導く原因は，戦後体制そのものに内在していた。

ブレトンウッズ体制は，圧倒的な経済力を誇った米国の覇権の下で成立したが，米国は，戦後復興のための資金援助，西側陣営への軍事援助（特にヴェトナム戦争），さらに西欧諸国や日本の輸出増加にともなう米国の輸入増加によって国際収支の赤字を招いた。国外に流出したドルが米国内の金の保有量を上回ったことで，米国は，金とドルの兌換《だかん》要求に応じられなくなった。一九七一年，米国のR・M・ニクソン大統領は，金とドルの交換停止を宣言した。その後，ドルの切り下げなどによるシステムの再編がなされたものの，固定相場制を維持することはできなかった。結局，金の廃貨，固定相場制から変動相場制への移行とともに，ブレトンウッズ体制は崩壊した。

また，福祉国家とケインズ主義的政策を結び付けたフォーディズムも，一九六〇年代末ごろから危機に直面した。労働者の高い賃金水準は企業投資の減退と経済成長の減速に繋がり，国家の公共支出は国債の大量発行を招いた。「成長率の低下と国債の増大は，フォーディズムに特有の不況とインフレーションとの結合（「スタグフレーション」）をもたらした」（Hirsch［2005＝2007］126）。米国のみならず、一九七〇年代の先進国は、「スタグフレーション」すなわち物価の高騰（インフレーション）と景気の後退（スタグネーション）が同時に起こる状態に陥ったが、それに追い打ちをかけたのが「オイル・ショック」であった。石油産出国によって組織されたＯＰＥＣ（石油輸出国機構）がインフレーションの中で目減りした石油収入を回復するために、第四次中東戦争が勃発した一九七三年と、イラン革命が起こった一九七九年の二度にわたって原油価格を大幅に引き上げたことによって、フォーディズムの危機は決定的なものとなった。

2　超国際化

●第一世界の変容

第二次世界大戦後の世界は、西側の資本主義国、東側の社会主義国、発展途上国――いわゆる「第一世界」「第二世界」「第三世界」――に分かれたが、三つの世界は、一九七〇年代以降、それぞれ異なる変容を遂げた。三つの世界の変容は相互に影響し合っているとはいえ、主導的な役割を果たしたのは第一世界である。そこで、第一世界の変容から見ていこう。

フォーディズムを変革し、今日のグローバリゼーションを推進するうえで、少なくとも三つの要因が関与していた。それが、①新自由主義政策、②金融の自由化と国際化、③情報化である。

一九七〇年代の危機の中で現れ、米国のレーガン大統領とイギリスのサッチャー首相によって導入された政策が、本書の冒頭でもふれた新自由主義政策である。もっとも、彼らが新自由主義政策の最初の提唱者であったわけではない。それに先立つモデルが存在した。D・ハーヴェイによれば、それは、一九七三年、チリの左翼社会主義政権に対するクーデタ後に行われた政策であった（Harvey [2005＝2007]）。民主的な選挙によって成立した当時の左翼社会主義政権に対して、将軍A・ピノチェトは米国政府の支持の下にクーデタを起こし、M・フリードマンに代表されるシカゴ学派の経済学理論に基づいた政策を断行した。すなわち、公的資源を民営化し、外国からの直接投資と自由貿易を促進したのである。

一方、J・N・ピーテルスによれば、新自由主義の物質的母体となったのは、米国南部であった（Pieterse [2004＝2007]）。米国南部の経済戦略は、伝統的に低賃金・労働集約的・強搾取《さくしゅ》型生産・労働組合に対する敵視に基づいていた。第二次世界大戦後の米国では、ケインズ主義に立脚した北部のリベラルな価値観が支配的であったが、フォーディズムが危機に瀕すると、南部の経済戦略と保守思想がフリードマンのマネタリズムを理論的武器にして息を吹き返した。共和党は、かつて民主党一党地域であった南部に支持基盤を拡大したが、それに成功したのが、共和党のニクソン政権やレーガン政権であった。

いずれにしても、レーガン（共和党）政権、サッチャー（保守党）政権が誕生する以前から、ケインズ主義的政策から新自由主義政策への移行が始まっていたわけである。米国内では、J・カーター

（民主党）政権の下で連邦準備制度理事会議長Ｐ・ボルカーが、スタグフレーションという経済的危機を脱するためにケインズ主義的な金融政策と決別してマネタリズムに近い反インフレ政策を実施した。またイギリスでも、Ｈ・ウィルソン（労働党）政権の下で福祉国家的支出の大幅な削減が実行された（Harvey［2005＝2007］）。その後、新自由主義政策が本格的に導入されることになったのである。

●新自由主義政策とは

戦後の福祉国家は「大きな政府」としてさまざまな公共機能を担ったが、新自由主義政策は、それらの機能を国家から民間企業に委ねることによって公共支出の削減を企図した。新自由主義政策の根幹をなすのは、「民営化」と「規制緩和」である。イギリスでは、サッチャー政権の下で「ブリティッシュ・エアロスペース、ブリティッシュ・テレコム、ブリティッシュ航空、鉄鋼、電気、ガス、石油、炭鉱、水道、バス、鉄道、その他無数のより小規模な公営企業が民営化の嵐の中で売り飛ばされた」（Harvey［2005＝2007］86）。サッチャー政権は、「持ち家、私的所有、個人主義に喜びを見出す中産階級を育成」（同訳書、八七）する一方で、労働組合の力を排除し、自治体に対する中央政府の補助金を削減し、公営企業の民営化をはかった。

民営化するためには市場メカニズムを活性化させなければならないが、そのための措置が規制緩和である。水道、通信、放送、電力、ガス、交通、金融などといった公共的性格を帯びた分野では、これまで企業活動に種々の規制が設けられていた。規制緩和は、こうした規制を取り払うことによって市場メカニズムの活性化を狙っている。サッチャー政権と並んで、レーガン政権の政策の中心も「産業、環境、職場、医療、取引関係への連邦政府による規制の範囲や内容をあらゆる方面で縮小すること」(同訳書、七五) にあった。

福祉国家を支えたケインズ主義的政策は、こうして市場原理主義を基調にした新自由主義政策に取って代わられた。もちろん、すべての資本主義国がその流れに同調したわけではない。とはいえ、米国とイギリスが新自由主義政策を掲げたことによって、新自由主義政策は、世界に対して決定的な影響を及ぼすことになった。その影響は、一九八〇年代には日独資本主義の躍進の陰に隠れていたが、九〇年代にははっきりと現れてくる。

●金融の自由化と国際化

新自由主義政策による規制緩和の中でも、グローバリゼーションの過程で特に重要な役割を果たしたのが金融の自由化である。金融の分野では、それまで三つのタイプの規制が存在していた。

第一に、金利の規制が行われていた。金利には、銀行への預金の対価として支払われる「預金金利」と、銀行からの貸し出しの対価として支払われる「貸出金利」があるが、どちらも国の中央銀行が定めた公定歩合をもとに決められていた。

第二に、金融機関の業務内容に応じて、金融サービスが厳格に分割されてきた。たとえば、銀行と証券会社の間には垣根が設けられ、その垣根を越えて他分野の業務を遂行することは許されなかった。

そして第三に、金融サービス業に対する外国企業の参入が規制・管理されていた。各国の政府は外資の受け入れを制限し、反トラスト／競争法によって、外資による国内金融機関の買収が規制されていた（Dicken［1998＝2001］）。

国によって差はあるが、一九七〇年代以降、これらの規制が段階的に緩和されていった。金利の決定は各銀行の自由裁量に任され（第一の規制緩和）、銀行と証券会社の相互乗り入れが可能になり（第二の規制緩和）、そして証券取引所への外国企業の参入が認められるようになった（第三の規制緩和）。日本でも、一九八〇年代から金融の自由化が進んだが、「日本版ビッグバン」というかたちで本格的な金融改革が行われたのは九〇年代である。また、アジア諸国でも一九八〇年代から金融を自由化する国が増えた。こうして、再びカネ（資本）が国境を越えて自由に移動するようになり、金融の国際化が進んだ。

●金融工学の発達

金融の国際化を理解するうえで忘れてならないのが、一九七〇年代から発達してきた金融工学である。

多くの国で固定相場制が変動相場制に移行し、金融が自由化されたことにともなって、金融取引に内在するリスクが増大した。たとえば、海外に製品を輸出する業者にとって、その収入は為替の変動によって変化する。今仮に、売り上げが一〇〇万ドルになる製品を海外に輸出するケースを考えてみよう。現時点で一ドル＝一〇〇円の為替相場が、代金の支払いがなされる時点で一ドル＝九〇円になった場合、為替の変動がなければ一億円になるはずの収入は九〇〇〇万円になる。つまり、為替の変動によって一〇〇〇万円の損失が発生したことになる。

こうした為替の変動、さらに金利や株価の変動によって生ずるリスクを減少させるために開発された取引手法が「デリバティブ（金融派生商品）」である。その名前は、通貨、金利、株式など伝統的な金融取引に付随することに由来する。デリバティブには「先物（futures）」「スワップ（swap）」「オプション（option）」などが含まれる。いずれもその価格は、金融工学が編み出した高度な確率計算に基づいて算定される。

デリバティブによって、為替リスク、金利リスク、（株式や原油などの）価格変動リスクを減少させられるようになった反面、リスクの減少を利用して利鞘《りざや》を稼ぐことも可能になった。そのため、デリバティブは投機目的にも利用された。しかも、デリバティブにはわずかな投資で巨額の資金を動かせる「レバレッジ（梃子《てこ》の原理）」が働くことから、成功すれば巨額の利益を生むが、失敗すると巨額の損失を蒙ることになる。リスクヘッジを意図して生まれたデリバティブは、皮肉にも金融リスクを高める要因にもなったのである。

ともあれ、デリバティブの大半は米国で開発されたことから、米ドルへの需要が高まり、国際金融市場における米国の地位が向上した（野崎［二〇〇八］）。

●コンピュータ・ネットワーク化としての情報化

そして、金融の国際化を含め、今日のグローバリゼーションにおいて決定的な要因となったのが情報化である。二十世紀後半に進展した情報化は、十九世紀に電信がもたらしたメディア革命に匹敵する――というよりも、それを上回る――メディア革命を引き起こした。

インターネットが広く普及するのは一九九〇年代であるが、コンピュータのネットワーク利用は八〇年代から本格的に始まっている。コンピュータ同士を通信回線で結んだコンピュータ・ネットワークが人間のコミュニケーション過程に介在すると、コミュニケーション・メディアとして機能する。十九世紀後半の電信に対して、二十世紀後半のメディア革命を担ったのはコンピュータ・ネットワークであるが、コンピュータ・ネットワークは、十九世紀の電信と違って、単に情報の伝達機能を向上させただけではなく、数値情報、言語情報、音声情報、映像情報に関する高度な情報処理を可能にした。

このメディア革命は現在も進行中であり、その影響は広範な領域にわたっているが、金融は、情報化の影響を早くから受けた分野の一つである。というのも、金融システム自体が情報システムであるからである。金融システムにおいては、貨幣が商品交換の媒体であると同時に商品でもある。貨幣の本質は情報にあり、貨幣は、価格という数値情報をもとにして、有用性の異なる商品を結び付ける媒介的役割を果たしている。金融の場合には、カネを貸す対価として一定の利子が支払われるが、利子（金利）として表示される数値情報が貨幣的機能を担っている。

歴史的に見ると、貨幣は、古くは金や銀といった実体的価値に担われていたが、やがて紙幣や電子マネーの登場によって実体的価値から遊離していった。そのことも、貨幣の本質が価格を表示する情報的機能にあることを示している。高度な確率計算によって価格が算定されるデリバティブも、現代のコンピュータなしには成立しえない。一九七〇年代から八〇年代にかけて金融が自由化され、国際金融ネットワークが張り巡らされたことによって、金融の国際化が進んだのである。

●現代的ネットワークの形成

こうして新自由主義、金融の自由化と国際化、情報化という、現代のグローバリゼーションを推し進める基本的な要因が揃った（Castells［2004］）。一九八〇年代以降における社会の構造変化はさまざまなレベルで進行したが、そこには一貫した傾向が認められる。それは、社会関係のネットワーク化が進展したことである。ネットワークは、厳格な規則に定められた固定的な関係とは異なり、要素間の「緩やか」で、状況に応じて「柔軟に」変化するような関係を表している。特に、現代のネットワークは、環境的変化に応じて自らも変化する流動的な性格を帯びている。

Z・バウマンは、近代社会（資本主義）を「固体的近代社会（重量資本主義）」と「液体的近代社会（軽量資本主義）」という二つの歴史的段階に分け、官僚制やフォーディズムに象徴される前者に対して、新たに出現した後者は「流動性」「流体性」によって特徴づけられるとしたが、後者の「流動性・流体性」は、今述べた三つの政策的・制度的・技術的な変化に起因している（Bauman［2000＝

2001]）。

現代的ネットワークは、近隣関係や友人関係といった伝統的ネットワークとは異なり（Wellman ed. [1999]）、コンピュータ・ネットワークに媒介されている。インターネットのような、コンピュータ同士を結び付けたコンピュータ・ネットワークは、人間関係としての社会的ネットワークを形成するためのインフラ的基盤となっている。コンピュータ・ネットワークには、膨大な情報を迅速に処理するコンピュータの情報処理能力と、時空的距離を克服するネットワークの伝達能力が備わっているが、こうした能力が資源（ヒト・モノ・カネ）の流動的な調達や配分を可能にしたのである。

そうした変化は、まず組織内関係や組織間関係というローカルなレベルで現れ、最終的にはグローバルなレベルにまで及んだ。

●官僚制組織からネットワーク組織へ

国民国家の中央集権的な行政機構を支えたのは官僚制であるが、官僚制は行政組織に固有な形態ではない。二十世紀の大規模な組織は、官庁、軍隊、企業のいずれであれ、官僚制を採用していた。組織が大規模化すると、それだけ組織の統一性と体系性を維持するのが困難になるが、官僚制組織は、意思決定権限をトップに集中させる「位階的な意思決定構造」と、組織内の地位・役割を明確に規定した「非人格的な規則」によって、その困難さを克服した。このことが官僚制の採用・拡大に繋がったのである。

しかし一九八〇年代に入ると、官僚制組織はしだいにネットワーク組織へ移行するようになった。あらゆる組織がネットワーク組織へ移行したわけではないが、複雑で変化に富んだ環境に直面している組織ほど、ネットワーク組織への移行が進んだ。ネットワーク組織は「よりフラットな構造」をもち、「柔軟な分業関係」を形成している。そして、官僚制組織が大量の資源を自前で調達したのに対して、ネットワーク組織はそのつど、必要な資源を外部から調達する。

資源の外部調達が可能になったのは、R・コースの言葉を借りれば、情報化によって「取引費用」が低減したからである（Coase［1988＝1992］）。資源を外部から調達するには、必要な資源の所在を探索し、必要な手続き（契約など）をふまえて組織の内部に取り込まなければならない。それに要するコストが「取引費用」である。以前は、資源の外部調達には膨大な取引費用がかかり、資源の内部留保をはかったほうが合理的であった。だから、組織は大規模化と官僚制化の道を選んだのである。しかし、情報化によって取引費用が低減すると、組織内に膨大な資源を抱え込む必要がなくなった。

●多国籍企業の台頭

資源の外部調達としてのアウトソーシングは、組織内の構造変化をもたらすとともに、組織間の関係をも変化させた。その変化が最も顕著に現れたのが企業である。企業は、アウトソーシングを通じて組織内関係と組織間関係をともにネットワークとして編成するようになった。しかも、資本の自由化は、賃金や税金が安い海外で生産活動を行うことを可能にし、情報化は生産拠点を統合するネットワークの形成を容易にしたことから、企業のアウトソーシングは、国境を越えるかたちで展開されるようになった。本社機能を自国に残しつつ、生産拠点を海外に移転する企業が多数現れた。海外に進出した企業は、国境を越えた社内ネットワークや社外ネットワークを構築することによって、世界的に分散している生産拠点を統合した。そのような企業が多国籍企業にほかならない。

多国籍企業とは、「一つを上回る国において、事業を調整ないし管理する能力を有する企業」（Dicken［1998＝2001］11）を指し、事業を所有していない場合も含まれる。多国籍企業には、一連の内的取引によって生産連鎖の垂直的統合をはかるタイプと、それぞれ独立した個別企業間の外的取引によって水平的統合をはかるタイプがあるが、いずれの調整も「企業内および企業間の相互関係ネットワークからなっており、……ネットワークは変化するものであり、常に流転する状態にある」（同訳書、一二）。

多国籍企業の起源は、十七世紀の東インド会社やイギリス王立アフリカ会社にまで遡ることができるが、第一次世界大戦前までの国際ビジネスは、多国籍銀行を別にして、石油メジャーのような一次産品部門に集中していた。製造業部門の多国籍企業が出現するのは二十世紀に入ってからである。一九六〇年代から、多国籍企業はユーロ・カレンシー市場を利用しながら発展してきたが、情報化と金融の自由化によってその活動が活発化した。

多国籍企業の進展にともなって、生産はグローバルなネットワークの中で遂行されるようになったが、多国籍企業の拠点は、世界各地に均等に広がったわけではない。多国籍企業の本社は自国に、地域本社はアメリカ・西ヨーロッパ、アジアの主要な都市に、そして生産工場は東アジアや中南米を中心とした地域に置かれたのである。

●ポスト・フォーディズム

第二次世界大戦後の資本主義社会を特徴づけていたフォーディズムは、一九八〇年代から九〇年代にかけて起こった以上の変化を通じて、ポスト・フォーディズムへと移行した。J・ヒルシュによれば、ポスト・フォーディズムは以下の特徴を有している（Hirsch［2005＝2007］）。

まず第一に、「賃労働関係と労働組織の変化」として労働の非正規化と不安定化が進み、大衆の実質所得が低下した。労働の非正規化と不安定化は、アウトソーシングの論理が物的資源だけでなく、人的資源にも適用された結果である。状況に応じて非正規労働者を採用（解雇）する傾向が強まったことによって、成長と消費の増大のフォーディズム的連関が崩壊した。

第二に、市場の規制緩和によって経済関係が「金融化」し、「金融によって強く駆り立てられている蓄積様式」が確立された。市場の規制緩和は、生産様式を変化させただけでなく、利潤獲得様式をも変化させた。すなわち、企業は、長期的視野の下で生産効率を高めるより、金融資産の投機的運用によって短期的収益を上げるようになったのである。「金融資産を用いた利潤獲得が、経済過程にとってよりいっそう決定的になるという事態」（同訳書、一三六）がもたらされた。

第三に、市場の規制緩和による「貨幣関係と競争関係の変化」として、国民国家が貨幣を規制するというフォーディズム的なあり方が事実上撤廃され、企業活動の余地が著しく拡大された。国営だった企業部門の民営化が進行しただけではなく、一国市場を相手にする複合企業に代わって、特定の技術や市場の一部に特化して国際ネットワークを形成するグローバル企業が力をもつようになった。

そして第四に、市場の論理が空間的に拡大するとともに、社会生活の隅々にまで及び、「経済的な再生産過程における自然と知識」が新しい意味を獲得した。温室効果ガスの排出量の取引や遺伝子素材の特許取得に見られるように、これまで無償で扱われてきた資源が市場メカニズムに組み込まれ、「天然資源の資本主義的な管理と維持は新しい蓄積体制の重要な構成要素」（同訳書、一三八）となった。

これらの特徴が新自由主義、金融の自由化と国際化、情報化という一九八〇年代以降に起こった変化の複合的な帰結であることは、改めて説明するまでもないだろう。

●第三世界の分裂

以上のような第一世界の変化は、他の二つの世界にも影響を及ぼした。その直接的な影響が現れたのは第三世界である。かつて発展途上国は、多国籍企業による支配を恐れて多国籍企業の受け入れに消極的であった。しかし、金融の自由化と国際化によって資本（カネ）の自由な移動が全面的に再開され、多国籍企業が第三世界に進出する中で、途上国も、一九八〇年代ごろから金融の自由化に踏み切り、多国籍企業を積極的に受け入れるようになった（原［一九九九］）。それとともに、第三世界は、経済的発展に成功する国とそうでない国に分裂していった。

もっとも、第三世界の分裂の原因はそれだけではない。すでにOPECの原油値上げによって中東の産油国が巨額の利益を得たことで、産油国と非産油国の間に亀裂が生じた。産油国は、利益の一部を自国の工業化資金に回すとともに、残りの大半をユーロ・カレンシー市場や米国金融市場で運用した。また、一九六〇年代後半から「NICs（Newly Industrializing Countries）」と呼ばれた新興工業国――アジアの韓国・台湾・香港・シンガポール、ラテンアメリカのブラジル・メキシコ、南ヨーロッパのギリシャ・ポルトガル・スペイン・ユーゴスラヴィア――が勃興してきたが、米国やイギリスに還流した巨額のオイル・マネーは、当時勃興してきた新興工業国に投資された。

新興工業国は、オイル・ショック後も国際的な資金を利用して比較的高い成長率を維持した。ただし、その発展の道のりは平坦ではなかった。一九八〇年代に入ってメキシコやブラジルは債務危機に陥り、スペインを除く南欧諸国も経済的停滞に陥った。そして一九八〇年代から九〇年代にかけて、韓国・台湾・香港・シンガポールは、「NIEs（Newly Industrializing Economies）」すなわち新興工業経済地域として、ユーロ・カレンシー市場から調達した資金や日本から導入された技術を利用しながら経済発展を遂げたが、九〇年代末には、東アジア・東南アジア諸国（タイ、マレーシア、インドネシア、フィリピン、香港、韓国）も通貨危機に見舞われた。

また、第三世界には、グローバル経済の発展から取り残されるか、逆にグローバル経済に巻き込まれて国内経済が破壊される国々も現れた。アフリカや中東の非産油国では、グローバリゼーションの影響を蒙ることによって経済的停滞を余儀なくされたり、社会的混乱が発生したりした。その結果、第三世界は、自らの内部に「南南問題」という南北問題を抱え込んだ。「アフリカ、アジア、ラテンアメリカの諸都市に無惨に広がった貧民街からなる第四世界（the Fourth World）が出現した」（Castells [1999＝1999] 97）。M・カステルは、均質な経済地域としての「第三世界はもはや存在しない。……その言葉は無意味なものとなった」（同訳書，九六－九七）と述べている。

●**第二世界の崩壊とその後**

第一世界で起こった変化は、間接的な仕方ではあるが、第二世界の崩壊をも促進した。

先に述べたように、戦後の資本主義社会は「混合体制」と呼ばれ、市場経済と計画経済、資本主義的要素と社会主義的要素を混在させていた。第一世界は、フォーディズムからポスト・フォーディズムへの移行を通じて、混合体制の中から計画経済という社会主義的要素をいわば切り捨てることによって一九七〇年代の危機を乗り切った。

一方、計画経済を基底に据えた社会主義国は、複雑性と流動性を高めた現代的状況に対して適応力を失っていった。東側陣営と西側陣営の経済的格差が広がる中で、西側の消費文化がメディアを通じて東側に浸透すると、第二世界の危機は決定的なものとなった。一九八〇年代末に起こったベルリンの壁の崩壊を皮切りに、九〇年代初頭には東側陣営の盟主であったソ連が崩壊した。一九八〇年代から九〇年代にかけて多くの社会主義政権が資本主義化し、中国のような共産党が政権を握っている社会主義国でも、経済の活性化をはかるために市場経済が導入された。こうして、第二世界が実質的に崩壊した。

東西冷戦の終焉にともなって世界の資本主義化が進んだが、二十一世紀に入って急速に頭角を現してきたのが、「BRICs」と呼ばれる国々すなわちブラジル、ロシア、インド、中国である。ブラジルを除くと、いずれの国も、かつては社会主義国であった（中国は今もそうであるが）。二十一世紀半ばには、日本は、GDP（国内総生産）においてい中国はもとより、インド、ブラジルにも抜かれるといわれている（門倉［二〇〇六］）。この予測が正しいかどうかはともかくとして、BRICsは現在、目覚ましい発展を遂げている。

中でも一九七八年から「改革開放」政策をとり、九二年から「社会主義市場経済」をめざした中国は、すでに「世界の工場」としての地位を確立している。二〇〇八年時点で中国の世界全体に占める名目GDPのシェアは七・二五パーセントで、米国（二三・五パーセント）、日本（八・一パーセント）に次ぐ第三位である（IMF［2009］）。

また一九九一年から経済自由化路線に変更したインドも、情報サービス産業に牽引されながら急速な経済発展を遂げた。二〇〇八年時点でインドのGDPは、世界全体の二・〇%に相当し、第十二位につけている。国際的アウトソーシングの一環として、欧米のコンピュータ・ソフトウェア企業はソフトウェア関連業務を海外の下請けに外注したが、その外注拠点となったのがインドであった。インドは、労働者の賃金水準が安いだけでなく、海外留学歴をもち、英語を話す労働者が多数存在しているので、アウトソーシングに有利な条件を備えていた（Dicken［1998＝2001］）。

中国とインドに限らず、ＢＲＩＣsの国々は、広大な国土、膨大な人口、そして豊富な資源を有する点で共通の強みをもっている。と同時に、国内において著しい階層格差を抱えている。たとえば、ブラジルの場合、一パーセントの富裕層が全国民所得の五割を握っている（門倉［二〇〇六］）。それは、国営企業の民営化によって誕生した大企業や資源関係（鉄鉱石や石油など）の大企業経営者に富が集中しているからである。

●ワシントン・コンセンサス

こうして第三世界の中から新興工業国が出現し、第二世界が実質的に崩壊したことによって資本主義が世界を覆い始めた。一九七〇年代以降のグローバリゼーションは、新自由主義を基礎にした資本主義の世界的な拡大のプロセスでもある。この変化は、決して自然の成り行きではなく、権力的介入をともなうものであった。ブレトンウッズ体制崩壊後、ＩＭＦと世界銀行の主要な役割は、新自由主義の世界的な拡大に置かれるようになった。ＩＭＦと世界銀行の本部、アメリカ財務省がワシントンにあることから、一九九〇年代におけるアメリカ政財界と国際組織に共有されている経済政策原則は「ワシントン・コンセンサス」と呼ばれている。

まず、一九八二年に起こったメキシコの債務危機の影響はブラジルやアルゼンチンにも波及したが、メキシコが破産宣言をすると、危機を克服するために、ＩＭＦと世界銀行は、一連の新自由主義的な改革を要求した（Harvey［2005＝2007］）。そこには、民営化、外国人投資家にとって一層有利になるような金融システムの再編、外国資本への国内市場の開放、関税障壁の縮小、よりフレキシブルな労働市場の構築などが含まれている。新自由主義的な改革を行ったメキシコは、「失われた十年間」後の一九九〇年代にようやく経済回復の軌道に乗り始め、民間資金が大量に流入したが、九四年には「テキーラ・ショック」という第二の危機に見舞われた。米国はメキシコへの経済支援策を講ずるが、その結果、一層の民営化が進んだ。

また一九九七年には、タイの通貨「バーツ」の暴落を機に、インドネシア、マレーシア、フィリピン、韓国に通貨危機が起こり、翌年にはロシアやブラジルに飛び火した。IMFは東アジア諸国に対しても経済的支援を行う条件として強力な金融引締め政策と一層の自由化を勧告した。IMFは、危機の背景に市場への国家の過剰な介入と、政府とビジネス界の癒着《ゆちゃく》を生み出すアジア的「クローニー（利権）資本主義」があると考え、インドネシアや韓国に対して「構造調整」を実施させたが、IMFの勧告に従ったことで、経済危機は一層深刻な事態に陥った（野崎［二〇〇八］）。

新自由主義的な体制への権力的移行は、中南米や東アジア諸国など新興工業国の中で起こっただけではない。世界銀行とIMFは、アフリカ諸国に対しても政府の過度の規制や市場介入、そして汚職や腐敗が市場経済の効率性を妨げているという認識の下に民営化の必要性を説いた。たとえば、コートジボワールでは、フランス植民地時代からの遺産として「安定化基金」が存在し、主要な輸出品であるカカオの相場価格の急変動を抑える役割を果たしていたが、世界銀行とIMFは「安定化基金」の解体を要求した。「安定化基金」の解体とともに民営化と規制緩和が行われたが、それによってもたらされたのは米系多国籍企業の進出、カカオ価格の暴落、そしてコートジボワールの内戦であった（Boris［2005＝2005］）。

●人口移動の新しい流れ1

一九七〇年代以降におけるヒト・モノ・カネの世界的な流れは、以上に述べた世界の構造的変化と連動している。まず、人口移動に関しては、四つの大きな流れが生じた。

第一に、オイル・ショック以後、中東産油国における労働需要の増大にともなって産油国への人口移動が起こった。最初は、中東諸国から産油国へのリージョナルな移動が中心であったが、やがて東アジアや南アジアから中東諸国へのグローバルな移動が増大した（Held et al.［1999＝2006］）。

第二に、南欧や北アフリカから西欧諸国へ、東南アジアや中南米から米国へ大量の人口が流入した。西欧諸国では、一九七〇年代中ごろから八〇年代中ごろまでには外国人労働者と植民地労働者の雇用は終わっていたが、イギリス、フランス、オランダでは家族呼び寄せと永住の受け入れ傾向が続いた。また、西欧での定住過程で移民の第二、第三世代が増加したので、それらの人々も含めると、西欧における外国人の総数は、一九九一年時点で一八〇〇万人に達した（Castles & Miller［1993＝1996］）。

また米国では、一九六五年の修正移民法によって、移民の受け入れを出身国別に定めた一九二四年の移民国籍法の国籍条項が取り除かれ、以後、年を追って移民が大量に流入するようになった。修正移民法は、一定の上限の下に米国に必要な人材を受け入れることを目的としていたが、その意図に反して、東南アジアや中南米からの大量の人口を呼び寄せた。一九八一年から二〇〇〇年までの間に米国に渡った移民の数は約一六〇〇万人にのぼった（春田・鈴木［二〇〇五］）。また、メキシコをはじめとする南米からの非合法移民の数も、三〇〇万〜四〇〇〇万人以上とされている（Castles & Miller［1993＝1996］）。

これまで発展途上国から先進国への人口移動は、送出国側の過剰人口・貧困・経済的停滞といった要因によって説明されてきたが、米国への移民を中心に分析したS・サッセンは、米国への主要な移民送出国は、大規模な海外直接投資を受け入れ、輸出向けの工業生産に成功した国であるという事実をふまえて、そうした古典的説明の限界を指摘している（Sassen［1988＝1992］）。

サッセンによれば、一九六〇年代後半以降の人口移動は、世界的な海外投資の流れの規模や構成と結び付いている。すなわち、海外直接投資の拡大と集中によって、投資先の途上国では伝統的な産業構造が解体したが、新たな労働需要は、女性労働の雇用機会を増大させるとともに、男性の労働機会にも影響を及ぼした。そして、多国籍企業の進出にともない資本主義的な文化や価値が浸透し、投資国である先進国との間に「客観的・イデオロギー的な結び付き」が強化された。先進国と途上国との客観的・イデオロギー的紐帯《ちゅうたい》と、（米国の場合には、修正移民法など）移民にかかわる客観的諸条件が重なることによって、現代の移民流入が起こったという。

●人口移動の新しい流れ2

第三に，専門的な技術や高度な資格を有する人々の一時的ないし永続的な移住が起こった。そこには，先進国から途上国への移動と逆の移動が含まれる。前者の場合，途上国に対する企業の対外直接投資の過程で，資本や技術とともにヒトの移動が起こった。たとえば，一九八〇年代後半以来，東アジア諸国が資本の自由化を行った際，日本から東アジア諸国に対して大規模な海外投資が行われた。「日本の海外投資は経営者や技術者の大移動を招いた」（Castles & Miller［1993＝1996］95）。

これとは逆に，「頭脳流出」というかたちで途上国から先進国へのヒトの移動も生じた。北米，オーストラリア，西欧は，インド，マレーシアなどの途上国から何千もの医者，看護師，技術者などの専門家を受け入れてきた。頭脳流出組の中には，母国に技能や知識を携えて帰国する人も多く，母国の工業化に貢献した。たとえば，インド人の中には，米国に留学し，シリコンバレーなどでコンピュータ関係の仕事を経験したうえでインドに帰国し，コンピュータ関連企業を立ち上げた人も数多い。そうした人々は，インド帰国後も頻繁にインドと米国を行き来し，国際的ネットワークの中で事業を行っている。

ヒト・モノ・カネがグローバルに流通するようになった現代では，先進国・途上国を問わず，インターネットと飛行機を駆使して世界を股にかけて活動する「情報エリート」（M・カステル）が台頭してきた。多国籍企業の本社機能が置かれている世界都市が同質化する傾向にあるように，「あらゆる社会の文化的境界を飛び越える情報エリートたちの生活様式は，ますます同質的になってきている」

（Castells［1999＝1999］264）。

そして第四に，このような富や権力を獲得した情報エリートの移動とは対照的に，ヒトの流れには，もう一つの新しい流れがある。それが難民の発生である。難民とは，特定の人種，宗教，国籍，社会集団の構成員であるゆえに迫害を受ける危険性を有し，その危険から逃れるために定住地を離れることを余儀なくされた人々のことである。

一九六〇年代以降，東西冷戦下における植民地の独立が進む過程で，国家の政治的弾圧，外国の侵略，内戦による混乱などによって多数の難民が発生した。一九七〇年代のインドシナ（ヴェトナム，カンボジア，ラオス），八〇年代のアフガニスタンをはじめ，アジアやアフリカの各地で膨大な数の難民が発生した。また冷戦終焉後は，崩壊した旧東側諸国から西側諸国へ難民が流れ込んだ。これらの難民はさまざまな地域に向かったが，その主要な受け入れ国となったのは米国，カナダ，オーストラリアであった。

●新国際分業の形成

モノの世界的な流れとしての世界貿易も，多国籍企業の進出が活発化する一九六〇年代後半以降において新たな局面を迎えた（伊豫谷［一九九三］）。世界貿易の中で大きな割合を占めるのは，依然として先進国間の貿易であるが，その割合は低下してきた。代わって，先進国／途上国間の貿易，途上国間の貿易の比重が増大した（Held et al.［1999＝2006］）。

　そして、世界貿易のパタンにも変化が現れた。十九世紀の段階では、先進地域と途上地域の間に「工業／農業」間の分業としての国際分業が確立されたが、一九八〇年代になると、先進国と新興工業国の間に「工業／工業」間という新たな国際分業が形成された。世界の中で製品輸出に占める（中国を除く）途上国の割合は、一九七三年には七パーセントであったが、八五年には一三パーセント、九五年には二〇パーセントに拡大した。途上国は、一次産品を輸出するだけでなく、工業製品やサービスの輸出国となったのである（Held et al.［1999＝2006］）。

　F・フレーベルらは、新国際分業が形成された条件として、①技術革新によって生産工程の標準化と細分化が可能になったこと、②輸送・通信技術の発達によって世界規模での垂直的な統合型生産ネットワークが構築されたこと、③途上国において豊富な労働力が存在したことを挙げているが、新国際分業を形成するにあたっては、金融の自由化・国際化と多国籍企業の進出も無視できない要因となっている（Fröbel et al.［1980］）。

●対外直接投資の拡大

　多国籍企業の目覚ましい進展は、金融の自由化と国際化に支えられており、その進展ぶりは、「対外直接投資（FDI）」に示されている（宮崎・田谷［二〇〇〇］）。国際投資には、外国証券（債券や株式など）の売買としての「証券投資」のほかに、支店進出、工場設置、海外企業の買収などを目的とした「対外直接投資（FDI）」がある。FDIの場合には、資本だけでなく、生産技術や経営ノウ

表 3 主要投資国による対外的 FDI ストック（1960–1994 年）

（10 億 US ドル，括弧内は％）

	1960	1975	1980	1985	1994
アメリカ	31.9	124.2	220.2	251.0	610.1
	(47.1)	(44.0)	(42.9)	(36.6)	(25.3)
フランス	4.1	106.0	23.6	37.1	183.3
	(6.1)	(3.8)	(4.6)	(5.4)	(7.6)
ドイツ	0.8	18.4	43.1	59.9	199.7
	(1.2)	(6.5)	(8.4)	(8.7)	(8.3)
オランダ	7.0	19.9	42.1	47.8	146.2
	(10.3)	(7.1)	(8.2)	(7.0)	(6.1)
スウェーデン	0.4	4.7	5.6	12.4	51.2
	(0.6)	(1.7)	(1.1)	(1.8)	(2.1)
スイス	2.3	22.4	21.5	21.4	99.6
	(3.4)	(8.0)	(4.2)	(3.1)	(4.1)
イギリス	12.4	37.0	80.4	100.3	281.2
	(18.3)	(13.1)	(15.7)	(14.6)	(11.7)
日本	0.5	15.9	18.8	44.4	284.3
	(0.7)	(5.7)	(3.7)	(6.5)	(11.8)
先進国経済	67.0	275.4	507.5	664.2	2,243.8
	(99.0)	(97.7)	(98.8)	(96.9)	(93.0)
世界合計	67.7	282.0	513.7	685.5	2,412.2

［出所］ Held et al.［1999 = 2006］.

ハウなどの移動も起こるので、多国籍企業の活動を知る重要な指標となっている。

一九六〇年以降、ＦＤＩのストックとフローは、世界総生産を上回るスピードで成長し、六〇年時点で六七七億ドルであったＦＤＩストックの総額は、九四年には約三六倍の二兆四一二二億ドルに達した（Held et al.［1999 = 2006］）。ＦＤＩの主要な輸出国となったのは、西側先進国（米国、フランス、ドイツ、オランダ、スウェーデン、スイス、イギリス、日本など）であり、

表4　輸入国別の対内的 FDI ストック（1960-1994年）

（10億USドル，括弧内は%）

	1960	1973	1980	1985	1994
アメリカ	7.6	17.3	83.0	184.6	504.4
	(13.9)	(10.4)	(17.2)	(25.1)	(21.5)
カナダ	12.9	27.6	54.2	64.7	105.6
	(23.7)	(16.8)	(11.2)	(8.8)	(4.5)
西欧	12.5	60.8	200.3	244.8	972.0
	(22.9)	(36.5)	(41.6)	(33.3)	(41.5)
フランス			22.6	33.4	142.3
			(4.7)	(4.5)	(6.1)
ドイツ			36.6	36.9	125.0
			(7.6)	(5.0)	(5.3)
スウェーデン			3.6	5.1	19.1
			(0.7)	(0.7)	(0.8)
イギリス	5.0	14.8	63.0	64.0	214.2
	(9.2)	(8.9)	(13.1)	(8.7)	(9.1)
日本	0.1	1.3	3.3	4.7	17.8
	(0.2)	(0.8)	(0.7)	(0.6)	(0.8)
アフリカ	3.0	4.8	20.8	27.0	55.0
	(5.5)	(2.9)	(4.3)	(3.7)	(2.3)
ラテンアメリカ	8.5	20.9	48.0	76.3	199.2
	(15.6)	(12.5)	(10.0)	(10.4)	(8.5)
アジア開発途上国	4.1	8.0	38.0	91.8	334.8
	(7.5)	(4.8)	(7.9)	(12.5)	(14.3)
中欧・東欧			0.1	0.2	19.7
					(0.8)
世界合計	54.5	166.7	481.9	734.9	2,342.2

［出所］ Held et al.［1999＝2006］.

中でも米国の占める割合が大きかった。とはいえ、一九六〇年に四七パーセントであった米国の占める割合は、九四年には二五パーセントに減少した。それに対して、日本は同時点で一パーセントから一二パーセントに、ドイツは一パーセントから八パーセントに増加した（表3）。また一九七〇年代以降、発展途上国に本社を置く多国籍企業も出現し、発展途上国からの輸出も、若干ではあるが、増加傾向にある（Dicken［1998＝2001］）。

ＦＤＩの輸入国となったのは、世界全体の六～七割が先進国で、残りが発展途上国である（Held et al.［1999＝2006］）。かつては、ＦＤＩの主要な輸入国は発展途上国であったが、一九七〇年代以降、対外投資に偏っている日本を例外として、先進国は輸入する（対内投資）側にもなっている。対内投資の割合が著しいのは米国（一四パーセントから二二パーセントへ）と西欧（二三パーセントから四二パーセントへ）であり、途上国の中では、アジアの対内投資の割合が増加した（八パーセントから一四パーセントへ）。一方、アフリカ全体の対内投資の割合は一割を切っており、しかも減少傾向にある（表4）。

●資金の世界的な流れ

次に、二十一世紀初頭における資金の世界的な流れを見ると、世界中の資金は米国の金融市場に集中し、そこで運用される仕組みが作られていることがわかる（図1）。世界的な資金のフローには、ヨーロッパからの流れとアジアからの流れという二大動脈が存在する（田中・岩田編［二〇〇八］）。中

図1　世界から米国へ向かうネット資金フロー（2005年）

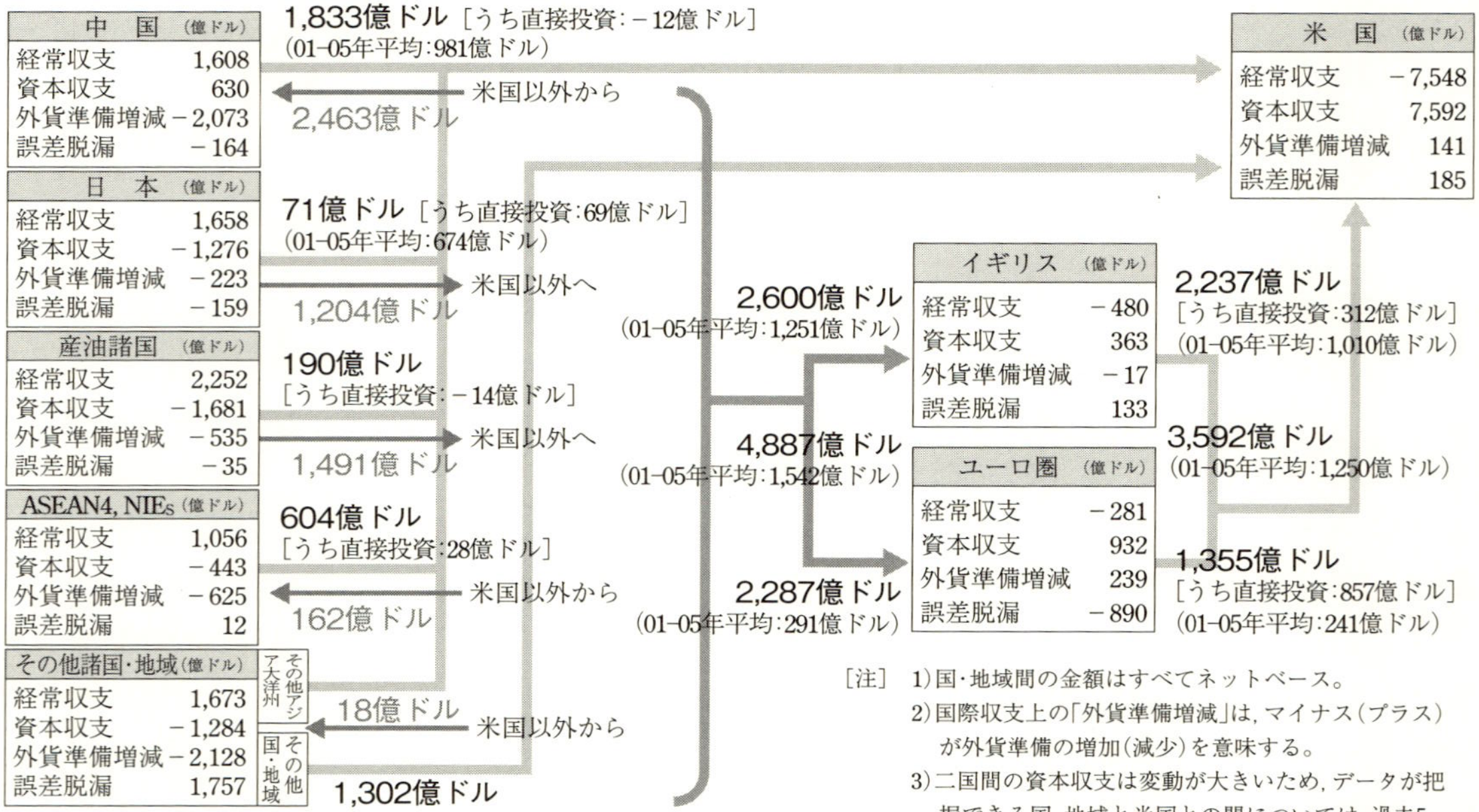

［注］　1）国・地域間の金額はすべてネットベース。
2）国際収支上の「外貨準備増減」は，マイナス（プラス）が外貨準備の増加（減少）を意味する。
3）二国間の資本収支は変動が大きいため，データが把握できる国・地域と米国との間については，過去5年の平均を併記した。

［出所］　経済産業省編［2007］。

東の産油国は、以前から石油輸出代金の決済用口座をイギリスやヨーロッパの銀行に置いていたので、巨額のオイル・マネーは、イギリスやヨーロッパの銀行を経て米国に流入した。また貿易面では、米国が最大の貿易赤字国であることから、ドルはいったん貿易黒字国である中国、日本、ドイツ、NIEs、ASEAN4、（中国以外の）BRICsに流れたうえで、貿易黒字国による米国債や米社債の購入というかたちで米国に還流した（経済産業省編［二〇〇七］）。米国の金融市場に流入した世界資金は、資本として世界の中で利用されたが、米国は、その金融業務において多額の利益を得ていた。

要するに、一九九〇年代以降のモノとカネの国際的な流れからいえるのは、米国が産油国や貿易黒字国の資金を吸い上げながら生産と消費を伸ばすとともに、米国の過剰な消費ブームに支えられて中国や日本のような貿易黒字国の輸出産業も成長したということである。世界経済の発展をもたらした循環は長期にわたって続いたとはいえ、中国や日本の貿易黒字、米国の貿易赤字という世界的な経常収支不均衡の拡大のうえに成り立っていたのである。

●米国の再覇権

新自由主義政策は、米国やイギリスが一九七〇年代の危機に際して自己の再生をはかるために打ち出した打開策であったが、それが本格的な効果を発揮するようになったのは九〇年代に入ってからである。一九八〇年代には、オイル・ショック後も比較的高い経済成長を維持した日本やドイツの後発資本主義が米国やイギリスの先発資本主義に対して優位に立っていた。しかし、その優位関係は、新自由主義政策が米国のB・クリントン民主党政権、イギリスのA・ブレア労働党政権に受け継がれた一九九〇年代に入って再び逆転した。そして、第一・第二・第三世界が変容し、資本主義が世界的に拡大した状況の中で政治的・経済的な覇権を再び握ったのが米国にほかならない。

米国は、一九八〇年代には貿易赤字と財政赤字の「双子の赤字」に悩まされたが、クリントン政権時代に財政赤字が黒字に転化した。貿易赤字は続いたものの、一九九一年から史上最長の好景気に入った。一九九〇年代の米国では「情報スーパー・ハイウェイ」構想の下に、情報通信産業の規制緩和が行われ、「IT（情報技術）革命」が進展した。カリフォルニア州のシリコンバレーを中心に情報関連企業の地域的集積が進み、米国が情報産業の世界的発展をリードした（櫻井［二〇〇六］）。そして、情報化は、情報産業以外の分野でも生産の効率化とネットワーク化を推し進めることによって米国経済の発展を牽引した。

情報化による生産様式の変化は、米国の好景気を支える重要な要因であったが、唯一の要因ではない。生産から金融へのパワー移動による恩恵を最も蒙ったのも米国であった。金融の自由化と国際化によって世界中の資金を吸い寄せる国際金融の中心となったことも、米国の再覇権に大きな力を貸した。しかし、その米国の覇権を再び揺るがす出来事が生じたのである。

●米国覇権の揺らぎ

世界から集まった巨額の投機マネーは、一九九〇年代にはITバブルを生み出す要因となったが、

ITバブルが崩壊すると、今度は米国の住宅市場に流れ込み、住宅バブルを生み出した。①米国のブッシュ大統領が中南米から押し寄せた大量の移民を対象に、低賃金労働者でも一戸建て住宅がもてる住宅政策を打ち出したこと、②米国の中央銀行に相当するFRB（連邦準備制度理事会）が金利を引き下げて金融緩和を行ったこと、③金融工学の中で「証券化」という新しい技術が開発されたこと、そして④ムーディーズのような金融格付機関がそれらの金融商品に対して甘い格付けを与えたこと、これらの要因が重なって住宅バブルが発生した。住宅価格の上昇とともに、住宅バブルの膨張が続くかに見えた。しかし二〇〇七年七月、ついに住宅価格の上昇にピリオドが打たれ、住宅バブルが崩壊した（倉橋・小林［二〇〇八］）。

住宅バブルの崩壊は、中南米移民の夢を打ち砕いただけではない。住宅バブルがヒト・モノ・カネのグローバルな流れに基づいていただけに、その影響はグローバルな負の連鎖をたどって全世界に及んだ。証券化という技術によって、サブプライム・ローンに内在する高いリスクが断片化されながら他の無関係な低リスク商品に組み込まれたことは、リスクの世界的な拡散に繋がった。二〇〇八年、米国の大手証券会社リーマン・ブラザーズの破綻《はたん》を機に世界的な金融危機が起こると、その影響は実体経済にも波及し、世界同時不況へと発展した。米国金融機関の破綻と景気の落ち込みは、米国への最大の資金ルートとなっていたヨーロッパの金融界を直撃するとともに、中国や日本のような、米国を輸出先にしていた貿易黒字国にも大きな打撃を与えた。アイスランド、ブラジルのような国では通貨危機も起こり、特にアイスランドは国家破綻の危機に瀕した。

米国の政治的威信は、すでにイラクが保有する大量破壊兵器を除去するという目的の下に二〇〇三年に開始したイラク戦争の泥沼化によって傷ついていた。大量破壊兵器が存在しないことが判明しただけでなく、一度鎮圧された反米武装勢力も再び息を吹き返してきた。イラク戦争の出費によって、米国の財政は再び赤字に転落し、過去最大の「双子の赤字（財政赤字と貿易赤字）」を抱えた。こうした状況の中で米国発の金融危機が発生し、米国の覇権が揺らぐことになったのである。

3　ウェストファリア体制の変容

将来、米国が再び覇権を握るかどうかはわからないが、今回の経済危機が一九七〇年代以降に始まるグローバリゼーションのたどりついた帰結であることは確かである。そして、今回の経済危機によってグローバリゼーションは一つの転機を迎えるだろうが、その変化は単に米国覇権の揺らぎに止《とど》まらない。一九七〇年代以降のグローバリゼーションそれ自体が大きな転換のプロセスをなしているからである。これまで見てきたように、第二次世界大戦後、すでに国際化には還元できない要素が芽生えていたが、そうした傾向は一九八〇年代以降、一層に顕著になった。

●構成主体の多元化

まず、グローバルな関係を構成するアクターが多元化し、国家以外のさまざまな主体が活躍するようになった。その主要なものとして、①多国籍企業、②国際政府間組織（ＩＧＯ）と国際非政府組織（ＩＮＧＯ）、③国際的な運動組織が挙げられる。

1 多国籍企業

多国籍企業は、現代のグローバリゼーションを語るうえで無視できない存在となっている。多国籍企業の活動は、すでに一九九五年の時点で世界貿易の三分の二以上を占め、支社間貿易は世界貿易の三分の一に相当する（UNCTAD［1995］）。そして、二〇〇八年時点での上位五社の売上高を見ると、ウォールマート社は三七八七億ドル、モービル社は三七二六億ドル、シェル石油は三五五七億ドル、ＢＰ社は二九一四億ドル、トヨタ自動車は二三〇二億ドルとなっており、これらは、一社で世界ランキング三〇位前後のギリシャ、イラン、デンマーク、タイ、ポルトガルのＧＤＰに匹敵する（Fortune［online］, IMF［2009］）。

2 国際政府間組織と国際非政府組織

多国籍企業と並んで、国際政府間組織（Inter-Governmental Organization）や国際非政府組織（International Non-Governmental Organization）の台頭も著しく、その数は、一九九六年には、ＩＧＯが約二六〇、ＩＮＧＯが約五四〇〇に達した（**図2**）。

国家を構成員としたＩＧＯには、国連・ＩＭＦ・世界銀行・世界保健機関（ＷＨＯ）・ユネスコなどがあるが、一九八〇年代以降に誕生した代表的なものとしてＷＴＯ（世界貿易機関）がある。第二次世界大戦後、世界の自由貿易を実現するために「関税及び貿易に関する一般協定（ＧＡＴＴ）」が結ばれたが、ＧＡＴＴには、制裁措置などの権限はなかった。一九九五年、ＧＡＴＴを継承しつつ、世界貿易の自由化を一層強力に推し進める組織としてＷＴＯが設立された。ＷＴＯは、新たにサービ

図2　20世紀における国家，IGO，INGOの増大

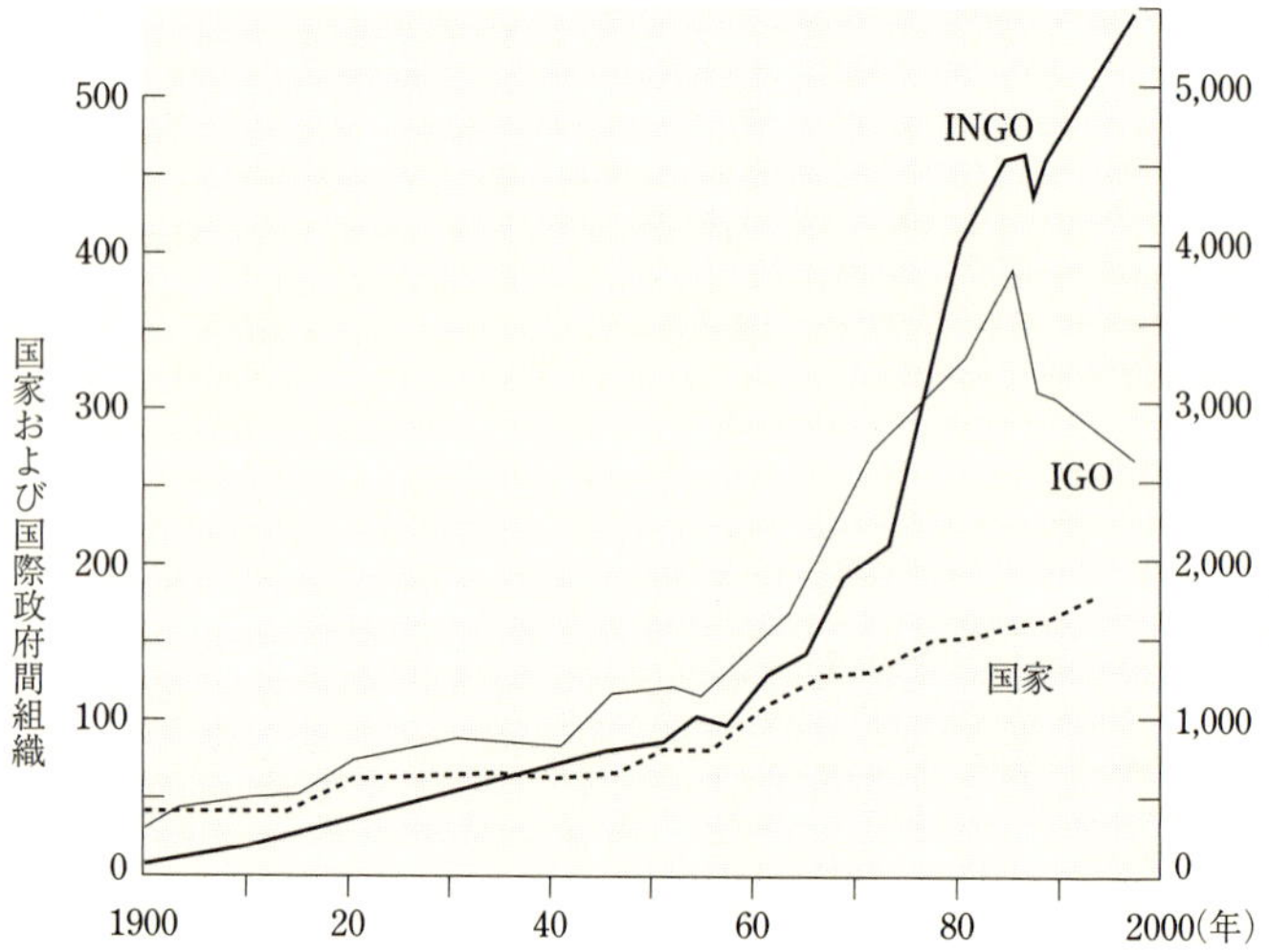

［出所］ Held et al.［1999＝2006］.

ス貿易、知的所有権、農業や繊維製品など、GATTでは扱えなかった対象をも含む広範な分野で世界貿易の自由化を推進するIGOとなった（西川［二〇〇四］）。

INGOはIGOと違って、国際的活動を行う民間組織である。「アムネスティ・インターナショナル」「国境なき医師団」「グリーンピース」といったINGOは、一九六〇年代から七〇年代にかけて創設されたが、その後も平和・軍縮・開発・環境・人権など多岐にわたる分野で多数のINGOが誕生した。INGOの中には、一九九〇年代後半以降、国連機関の定例会議に招待されたり、諮問機関としての地位を認められたりするものも現れた。

3　国際的な運動組織　そして、グローバリズムに異を唱える反グローバリズム運

動もグローバル化しており、グローバルな関係の担い手になっている。反グローバリズム運動の批判の矛先は、主に米国や多国籍企業に向けられているが、多国籍企業と同様に、反グローバリズム運動もコンピュータ・ネットワークを基盤にしたグローバル・ネットワークを構築している。代表的な事例として三つほど紹介しよう。

まず、二度の金融危機に見舞われたメキシコでは、一九九四年、北米自由貿易協定（ＮＡＦＴＡ）の発効日にサパティスタ民族解放軍が武装蜂起した。新自由主義的なグローバリゼーションへの抵抗を目標に掲げたメキシコのサパティスタ民族解放運動は、従来のゲリラ運動とは異なり、武力闘争から対話路線に転換し、インターネットを利用することによって世界的支援を受けるようになった。

また一九九八年に、多数のアソシエーション（「反失業共同行動」「人種差別と反ユダヤ主義に抗する運動」など）、労働組合、新聞社などが結集して作り上げた「アタック（ＡＴＴＡＣ）」も、インターネットを利用しながら「トービン税（投機的性格の強い金融取引に課す税）」を提唱したり、「世界社会フォーラム」を主催したりすることによって反グローバリズム運動を牽引してきた。「世界社会フォーラム」にはＩＮＧＯの関係者、組合活動家、市民運動家などが数万人規模で参加している（Allemand & Ruano-Borbalan［2002＝2004］）。

そして、インターネットが世界各地に散在する多様な運動体のネットワーク化を実現した最たる例として、一九九九年、米国シアトルでの反グローバリゼーション運動が挙げられる。ＷＴＯは、ＩＭＦ、世界銀行と並んで新自由主義を推し進める国際組織となっているが、そのＷＴＯの決議に反対するために、米国シアトルで大規模な抗議デモが行われた。参加者は、労働運動、環境運動、女性解放運動など、世界各地で別々の運動にかかわってきた人々であり、インターネットによるＩＮＧＯの呼びかけに応えて結集したのであった（Castells［2001］）。

●グローバリゼーションの重層的構造

このようなグローバル・ネットワークを有する諸主体が簇生《そうせい》したことによって、現代社会は、ローカル（local）／ナショナル（national）／リージョナル（regional）という重層的構造を内包している。

1　ローカルなレベル　グローバリゼーションは、一見逆説的だが、ローカリゼーションをも促進した。両者の関係には、グローバリゼーションによってローカルな多様性が失われるという「相克的関係」もあるが、逆にローカルな特性を際立たせるという「相補的関係」もある。経済の次元でいえば、グローバリゼーションの進展にともなって地域の戦略的意義が高まってきた。

たとえば、多国籍企業の活動は、①本社機能、②研究開発機能、③生産機能に応じて地理的集積が進んでいる。企業本社や地域本社は、政府の関係省庁や各種のサービス企業が集まった大都市に置かれている。アウトソーシングが進んだ今日、多国籍企業は、本社機能の一部（金融・法律・会計・広報など）を外注化し、それらの機能を提供するサービス企業に依存するようになった。ニューヨーク・ロンドン・東京のような「世界都市」では、多国籍企業の本社機能が集中している。世界都市はクラスターの一つであるが、研究開発の面では、シリコンバレーをはじめ、ボストン、東京、台北

（新竹）、ソウル（インチョン）といった、大学や関連企業が存在する場所の地域クラスター化が進んでいる。そして、生産工場は、企業に対する課税率が低く、安価で良質な労働力が得られる国や地域に集中している。東アジア、中南米、インドなど、新興工業国（地域）となったのはこうした条件を備えた地域であった。

かつてS・ハイマーは、多国籍企業の社内分業が国際分業に合致していることを示したが、多国籍企業は、機能ごとに地理的集積をはかりながら地球的規模の事業活動を展開してきた（Hymer［1972］）。各機能が集積された場所は、それぞれ多様な組織を結んだネットワークを形成していると同時に、それらが相互にネットワーク化されている。「グローバル経済は複雑に相互連関した地域的な活動クラスター群から成り立っており、それはまた多様な形態をもつ企業間ネットワークにさまざまな方法で埋め込まれている」（Dicken［1998＝2001］307）。

2 ナショナルなレベル　グローバリゼーションとローカリゼーションの同時進展（グローカリゼーション）は、国境というナショナルなレベルの境界を正反対の方向から揺るがすとはいえ、それによって国家の存在意義がなくなったわけではない。国家はグローバル経済の中で新たな戦略的役割を担うようになった。

グローバル経済の中核を担う多国籍企業は、無国籍でないどころか、その拠点が置かれている国と深い関係をもっている。特に、本国の影響を受けており、たとえば、米国・ドイツ・日本の多国籍企業は、企業統治、財務構造、研究開発、外国投資、企業内商慣行の面でそれぞれ異なった企業体質をもっている（Pauly & Reich［1997］）。多国籍企業の活動は、本社・研究開発・生産工場のいずれであれ、特定の場所に拠点を置いている以上、その場所は国家の規制を受けることになる。国家は、多国籍企業の活動とそれを埋め込んでいる企業間ネットワークに対する規制者となっている。

とはいえ、国家は意のままに多国籍企業を操れるわけではない。後述するように、多国籍企業は、多国籍企業を規制する国家の営みをコントロールし、自らに有利になるように国家に働きかけている。国家と多国籍企業の関係は、Ｄ・Ｍ・ゴードンが指摘するように、協力的であると同時に競争的、補完的であると同時に対立的でもある（Gordon［1988］）。

3　リージョナルなレベル

国家の領域を越えたリージョナルなレベルでも新たな変化が生じた。東西冷戦の終焉にともなって、ワルシャワ条約機構が解体し、東欧諸国がＮＡＴＯへ加盟するとともに、ＮＡＴＯの性格も変化した。その一方で、「ＥＵ（欧州連合）」「ＮＡＦＴＡ（北米自由貿易協定）」「ＡＳＥＡＮ（東南アジア諸国連合）」「ＡＰＥＣ（アジア太平洋経済協力会議）」といった広域的な地域連合が誕生した。

ＥＵ（欧州連合）は、米国のマーシャル・プランの受け皿となった欧州経済協力機構（ＯＥＥＣ）を起源とし、その後、欧州共同体（ＥＣ）を経て、一九九二年のマーストリヒト条約の調印によって成立した。単一通貨による経済統合、共通の外交・安全保障政策、域内における司法・内務政策の協力を基本的な柱としており、二〇〇八年時点でヨーロッパ二七カ国が加盟している。ＥＵの特徴は、欧州議会が加盟国に対して強制的な法を制定しうることにある。「ヨーロッパ連合内において、いまや主権が分割されていることも明らかである。分割不可能で無制限で排他的で永続的な形態の――個々の国家に体現される――公権力、といった前提を持つ主権という構想は、もはや通用しないのである」（Held［1995＝2002］135）。

ＥＵのような強い地域共同体ではないが、アメリカやアジアでもリージョナルな統合・連携が進んだ。北米では、ＥＵの拡大進化や東アジアの経済発展に対抗するために、一九九三年に米国・カナダ・メキシコの間でＮＡＦＴＡ（北米自由貿易協定）が締結された。ＮＡＦＴＡのねらいは、三国間の関税を取り除き、投資の自由化を促進することにある。

またアジアでは、ヴェトナム戦争下の一九六七年に、反共産主義政権のタイ、インドネシア、マレーシア、シンガポール、フィリピンの間でＡＳＥＡＮ（東南アジア諸国連合）が形成され、九〇年代に入って自由貿易地域形成の合意が成立した。域内での関税の順次引き下げが行われるとともに、八〇年代から九〇年代にかけてブルネイ、ヴェトナム、ラオス、ミャンマー（ビルマ）、カンボジアもＡＳＥＡＮに加盟した。そして一九八九年には、日本の通産省とオーストラリアのホーク首相のイニシアティブの下でＡＳＥＡＮ、日本、韓国、米国、カナダ、オーストラリア、ニュージーランドを加盟国としたＡＰＥＣが設立され、その後、ロシア、インドシナ、中南米、南太平洋の諸国も加盟した。ＡＰＥＣも、アジア太平洋地域における貿易・投資の自由化と経済協力を推進することを目的としている。

●ウェストファリア体制からの乖離

一九八〇年代以降も、三〇カ国以上の国家が新たに独立し、国家間関係が発展している以上、今日起こっている変化は「脱国際化」ではないが、単なる国際化の進展でもない。ウェストファリア体制は、①主権国家を唯一の構成要素とし、②主権国家間の勢力均衡のうえに成り立っていたが、現代社会では、国家だけでなく、多国籍企業、国際政府間組織（IGO）、国際非政府組織（INGO）、グローバルな運動組織といった多様な主体によって世界が構成されるようになった。しかも、主権国家の集合として形成された世界は、ローカル／ナショナル／リージョナル／グローバルなレベルのネットワークが複雑に絡み合った世界へと移行しつつある。現代のグローバリゼーションは、国際化の進展という要素をともないつつも、それには還元できない要素を含んでいる。そうした意味で、現代のグローバリゼーションは超国際化といえよう。覇権の変転の背後には、主権国家を構成単位にした国家間システムすなわちウェストファリア体制からの乖離という構造的変化が潜んでいたのである。

第4章

機能分化の変容

1　近代社会の機能分化

●分化形式の歴史的変遷

一九七〇年代以降のグローバリゼーションによって変化したのは、ウェストファリア体制だけではない。すでに述べたように、近代社会は、国外領域においては国家間システムとしてのウェストファリア体制を形成し、国内領域においては機能分化を実現したが、その機能分化のあり方がグローバリゼーションの進展にともなって変容してきたのである。

近代以前の社会は、N・ルーマンの言葉を借りれば、社会を、家族・種族・村落といった同等の部分に分割する「環節分化」や、複数の階層に分割する「階層分化」が支配的な社会であった。これらの分化形式は、正確にいえば、近代社会にも見られる。たとえば、ウェストファリア体制は、同等な構造を有する複数の国家から成り立っているので、この分化は環節分化に相当する。けれども、近代社会は、機能分化という新しい分化形式を確立し、それを支配的な分化形式にした。機能分化の場合には、社会は、政治・経済・教育といった、機能的に区別された部分に分割されている。近代社会では、それぞれ政治的な意思決定は議会、経済的な生産活動は企業、学齢に達した子どもの教育は学校といった、特定の専門機関に委ねられている。

複数の主権国家への環節分化と諸機能への機能分化の関係をどのように理解するかは、後述するように論争的な問題となっているが、いずれにせよ、国家ごとに機能分化が成立しているという意味で、機能分化は国内領域の構造をかたちづくっている。近代社会の中で諸機能が分化したのは、主権国家が国民国家として確立されたのと同じ十九世紀である。機能分化の変容を理解するためには、機能分化とはいかなる事態なのかを正確に見極める必要がある。そこで、いったん時計の針を戻し、十九世紀に確立された近代社会の機能分化を説明したうえで、機能分化の今日的変容について述べることにしよう。

●ルーマンの機能分化論

機能分化の成立は、主権国家の誕生と並ぶ、近代社会の中核的な現象であるにもかかわらず、機能間の関係は、近代科学にとって死角となってきた。というのも、近代科学は、政治システムに対しては政治学、経済システムに対しては経済学、教育システムに対しては教育学というように、分化した機能システムにそれぞれ対応するかたちで組織されていたからである。そうした中で、近代社会の機能分化をトータルに説明した数少ない試みの一つとして、ルーマンの機能分化論が挙げられる。

ルーマンは、「オートポイエティック・システム論」と呼ばれる社会システム論を展開する中で近代社会の機能分化を説明した（Luhmann［1984＝1993, 1995］［1997］）。オートポイエティック・システムというのは、環境との関係を保ちながら（「開放性」）、自己の構成要素を自分自身で再生産する（「閉鎖性」）自己創出的なシステムのことである。ルーマンによれば、社会システムの構成要素になっているのは個人ではなく、コミュニケーションである。社会システムは、コミュニケーションによってコミュニケーションを再生産するオートポイエティック・システムである。

ルーマンの機能分化論は、このオートポイエティック・システム論と彼のメディア論を基礎にしている。ルーマンによれば、マス・メディア（新聞、ラジオ、テレビ）や電子メディア（インターネット）は、情報の到達範囲や速度を規定している。マス・メディアは、同一の情報を多数の受け手に伝達することができるし、電子メディアは、瞬時に地球の裏側にまで情報を伝達することができる。

ただし、これらのメディアによって送り手の発信した情報が受け手に届いたからといって、そのまま受け手に受容されるとはかぎらない。コミュニケーションは、単なる情報の伝達過程ではない。マス・メディアや電子メディアが情報の伝達過程で機能するのに対して、メディアの中には、マス・メディアや電子メディアと違って、送り手の情報を受け手が受容する可能性を高める働きをしているものがある。それが貨幣、権力、真理などである。

貨幣は交換の可能性、権力は権力者の意志を被権力者に受容させる可能性、そして真理は真理と認められた命題の受容可能性を高めている。たとえば、真理と認められた命題は、受け手にとって納得できるか否かにかかわらず、それを受け入れなければならない。なぜなら、そもそも真理とは、理性をもった人間であれば、だれもが受け入れなければならないものを指しているからである。

貨幣・権力・真理は、それぞれ経済システム、政治システム、科学システムに固有なメディアであり、これらのメディアは、「支払う／支払わない」（貨幣）、「与党／野党」（権力）、「真／偽」（真理）

という固有の二肢コードに依拠しながら作動する。たとえば、貨幣の場合には、いかなる交換も「支払う／支払わない」という二項対立的な論理に還元されたかたちで遂行される。しかも、貨幣的交換は一回限りで終わる出来事ではない。交換によって貨幣を手に入れた人は、貨幣を手放して別の物を手に入れるという具合に、交換のプロセスは際限なく続いていく。貨幣的交換は、それ自体を次々と生み出すオートポイエティックな過程をなしている。

ルーマンにとって、近代の機能分化したシステムとは、各システムに固有な二肢コードに依拠して作動するオートポイエティック・システムであり、その閉鎖的（自律的）な再生産によって他のシステムから分化したシステムである。あらゆる機能システムに固有なメディアが備わっているわけではないが、ルーマンは、基本的にこのような枠組みに依拠して、近代社会の経済システム、政治システム、科学システム、教育システムなどを説明した。

●ルーマン理論の問題点1——機能分化と二肢コードの関係

ルーマンの機能分化論は、近代社会の機能分化に関する体系的な分析であるとはいえ、問題がないわけではない。ここでは、後の議論に必要な論点として二つの点を指摘しておこう。

まず第一は、近代における機能分化と二肢コードの関係である。ルーマンは、機能分化した各システムの閉鎖性と自律性は、あらゆる対象を二項対立的な値に還元する二肢コードの働きに依存していると考えたが、貨幣や真理は、機能分化が起こる以前の古代ギリシャの時代から、「支払う／支払わない」「真／偽」といった二肢コードに従って機能してきた。また、貨幣的交換はいつの時代にも、次々と貨幣交換を生み出す自己継続的なプロセスをなしている。つまり、ルーマンが機能分化の条件として指摘したことは、近代の機能分化に固有な現象ではないのである。

それゆえ、近代における機能分化の成立条件およびその変容条件は、貨幣や真理が固有の二肢コードに従っているか否かとは別の観点から判断されなければならない（なお、「〔権力をもっている〕与党／〔権力をもたない〕野党」という権力コードは、政党政治が確立された近代社会に固有であり、権力がこのコードに依拠しているか否かは、政治システムが変容しているか否かを識別する判断材料となりうる）。

●ルーマン理論の問題点2――主権国家と機能分化の関係

近代社会は、複数の主権国家へ環節的に分化しつつ機能的に分化しているが、第二の問題点は、この環節分化と機能分化の関係に関連している。ルーマンによれば、社会とは、あらゆるコミュニケーションを包括する全体を指している。すでに近代初頭において世界を覆うコミュニケーションの連鎖が形成され、近代社会は世界社会として成立したという。こうした前提に立って、ルーマンは、機能分化が第一次的な分化形式、環節分化が第二次的な分化形式であると考えた（小松［二〇〇八］）。つまり、世界社会の中で機能分化が起こり、そのうえで環節分化が起こったというわけである。

機能分化が環節分化に対して論理的に先行しているならば、主権国家を揺るがすような変化は、環節分化の変容として現れるものの、機能分化に影響を及ぼすわけではない。しかし逆に、環節分化が機能分化に先立っているとすれば、主権国家の揺らぎにともなう環節分化の変容は、主権国家を基礎にした機能分化の変容に繋がる可能性をもっている。

ルーマンは、近代初頭の段階で世界社会が成立したと考えたが、機能分化の前提となる世界社会が成立するためには、コミュニケーションの世界的な連鎖が成立しているというだけでは十分ではない。そもそも、人類はアフリカ大陸から出発して全世界に散らばった以上、その時点で、コミュニケーションの連鎖の総体として世界社会が成立したともいえる。それゆえ、機能分化の前提となる社会は、コミュニケーションの世界的な連鎖以上の条件を備えていなければならない。

環節分化と階層分化は、それぞれ全体を（村落共同体のような）同質的部分と（身分階層のような）非同質的部分に分割するとはいえ、全体を実体的に異なる部分に分割するという点では共通している。それに対して、機能分化においては、どの機能システムも全体システムを機能的に分割しているので、各機能システムの全体はすべて、全体システムの全体と一致する。システムに帰属するメンバーでいえば、環節分化と階層分化の場合には、各部分システムのメンバーが異なるのに対して、機能分化の場合には、どの機能システムも同じ全体システムのメンバーからなる。

機能分化として共通の全体から複数の部分を分割するためには、まず共通の全体を確定する働きが社会に備わっていなければならない。そのような全体を確定する働きは、十九世紀の段階に至って国民を国家のメンバーとして同定する主権国家に備わっていたものの、コミュニケーションの連鎖の総体としての世界社会には欠落していた。世界社会といっても、近代初頭の段階では、たとえば、東インド会社のような民間資本の下で世界貿易が営まれていたにすぎない。十九世紀以前には、世界中を見渡しても、社会の機能分化はまだ確立されてはいなかった。

主権国家は、第1章で述べたように、政治と宗教の分化を通じて成立したが、社会的諸機能の全般的な分化が生じたのは、国民国家が確立される十九世紀においてである。以上のことをふまえると、機能分化のほうが、主権国家という特異な環節分化を前提にして成り立っていたともいえる。すなわち、近代以前には、複数の村落共同体に分割される環節分化と、王・貴族・農民といった身分に分割される階層分化が支配的であったが、近代に至って、主権国家という、村落共同体の範域を越えた広域的な環節分化が実現された。近代の新しさは、こうした新しい環節分化をもとにして、機能分化と質的に異なる分化形式が誕生したことにあったのである。

近代社会の機能分化には、政治・経済・文化・教育・科学など、多様な機能が含まれるが、ここでは政治・経済・文化（宗教と芸術）を取り上げよう。

●政治の分化——代議制民主主義

主権国家の形成を導いたのは政治と宗教の分化であったが、宗教から分化することによって成立した政治システムが代議制民主主義にほかならない。

周知のように、民主政が産声をあげたのは、古代ギリシャの時代である。「democracy（デモクラシー）」という言葉は、ギリシャ語で民衆を意味する「dēmos」と、権力を意味する「kratia」の合成語「dēmokratia」（民衆の権力）に由来する。民主政は、民衆が権力を行使するとともに、その権力が民衆自身に及ぶような再帰的構造をなしている。

ただし、古代ギリシャのポリスで誕生した直接民主政においては、権力を行使する者と権力を行使される者が一致していたが、政治的決定が民衆の代表者によってなされる代議制民主主義（間接民主主義）の場合には、そうした一致は媒介的な形式をとる。つまり、権力を行使する国民と権力を行使される国民の間に、国民の代表者である政治家、そして国家の行政機構の担い手である官僚が介在する。とはいえ、政治家も官僚も国民であることに変わりはない。政治システムの構成員は（将来の構成員となる未成年者を別にして）、国民国家の構成員である。

●権力循環としての政治システム

近代の政治システムは、したがって有権者、政治家、官僚の間を権力が循環するシステムとなっている。ここで権力概念の検討を行う余裕はないが、権力は、社会的な意思決定とその実現にかかわっている（正村［二〇〇一］）。国民としての有権者が政治家を選出することも、政治家が議会において法的な決定を行うことも、そして行政機構の中で官僚が法的な決定を実行に移すことも権力行使である。この権力循環によって、「有権者、政治家、官僚」という政治システム内で生じた内部分化が統合されている。政治システムの機能的自律性は、内部分化を統合する権力循環の閉鎖性に基づいており、「与党／野党」の二肢コードは、その閉鎖的循環の中で作用する権力コードとして設定されている。

代議制民主主義を特徴づけている権力循環の閉鎖性は、政治システムの機能的自律性を示していると同時に、人間の自律性を表現している。政治と宗教が混淆していた中世の時代には、政治的決定の正統性は、最終的には神のような超越的な根拠に置かれていた。しかし、政治と宗教の分化を通じて、政治システムが機能的自律性を獲得した時、政治的決定は、神のような超越的存在に根拠づけられるのではなく、人間の自律的な意志に依拠するようになった。ただしその際、人間というのは、正確にいえば、世界社会を構成する人間全体ではなく、それぞれの主権国家の内部で国民として同定された人間のことである。

このような政治システムが制度として確立されたのは十九世紀後半である。十八世紀後半から十九世紀前半にかけて起こった市民革命は、民主主義への大きな前進であったとはいえ、民主主義の制度化には至らなかった。たとえば、フランスでは、一七八九年に起こったフランス革命後も、ジャコバン党の恐怖政治やナポレオンの帝政が成立するなど、紆余曲折《うよきょくせつ》を経て、パリ・コミューン敗北後の第三共和政時代に普通選挙制が導入された。近代の政治システムが制度化されたのは、対内的には国民国家が確立され、対外的には植民地侵略が本格化した段階、つまりヨーロッパ世界の内部で築かれたウェストファリア体制が膨張し始める段階であったわけである。

●経済の分化――産業資本主義

主権国家が絶対主義国家から国民国家へ移行する過程で，政治と宗教の分化が進んだだけでなく，政治と経済の分化も進んだ。政治と経済の分化を通じて勃興してきたのが，産業資本主義である。近代の資本主義を特徴づけているのは，単なる利潤追求ではない。同一の商品を異なった場所で売り買いし，その差額によって利潤を得るという商人資本主義は，絶対主義国家の重商主義政策にも見出される。これに対して，近代の資本主義は，生産活動を介して利潤を自己目的的に追求する産業資本主義として成立した。

産業資本主義を立ち上げるには，生産に必要な要素をすべて商品化しなければならず，そのためにはK・ポランニーが指摘したように，労働，土地，貨幣という，本来は商品でないものを商品とみなす擬制（フィクション）が必要であった（Polanyi［1944＝1975］）。「労働はすべての社会を構成する人間そのものであり，土地はすべての社会をその内に存在させる自然環境そのものである」（同訳書，二八）。にもかかわらず，労働・土地・貨幣を商品とみなし，賃金・地代・利子という価格を設定した時，すべての生産要素を，市場を通じて調達することが可能になった。

労働，土地，貨幣の商品化は，商業社会に工場制度が導入されたことの帰結であり，重商主義を推し進めた絶対主義国家の下では実現されなかった。というのも，重商主義は，商業化の傾向を有していたにもかかわらず，労働や土地を非商業的対象として保護する安全装置を温存していたからである。その点でいえば，重商主義者と封建主義者の間には何の相違もなかった。

フランスでは十八世紀末に職人ギルドと封建的特権が廃止され、イギリスでは、十九世紀前半に「職人条例」や「救貧法」が廃止された結果、市場は、国家の政治的統制下に置かれた「統制的市場」から、財の生産と分配をすべて市場の働きに委ねる「自己調整的市場」へ移行した。この移行は、ポランニーも指摘しているように、「民主制と代議政治への移行」（同訳書、二七）に照応する構造転換であった。その際、「自己調整的市場」への移行と「民主制」への移行は相互の分化をともなっていた。「自己調整的市場は、まさに、社会が経済的領域と政治的領域とに制度として分離することを要求する」（同訳書、二七）のである。

●貨幣循環としての経済システム

「統制的市場から自己調整的市場への移行」は、別の言い方をすれば、経済システムの機能分化でもあった。機能分化した政治システムが権力循環の構造をなしていたように、機能分化した経済システムも貨幣循環の構造を備えている。政治システムの場合と同様、経済システムも、生産と消費の分離という内部分化をともなっており、生産部門の企業と消費部門の家計（家族・労働）を結び付けるかたちで貨幣が循環する。貨幣は、企業が生産した商品と交換されるとともに、労働者が提供する労働力商品と交換される。労働力（と土地・貨幣）が商品化されたことによって、機能分化を特徴づける貨幣循環が成立した。貨幣循環は、生産と消費の分離という内部分化を統合しており、このような循環の閉鎖性によって、経済システムは、他の機能システムから分化した自律的なシステムとなったのである。

そして、貨幣が経済システムの中で循環する範囲は、十九世紀後半から二十世紀前半にかけて、（基軸通貨を別にすると）国民国家の領域と重なっていた。十九世紀中葉以前には、一国の中に複数の通貨が流通したり、一つの通貨が複数の国にまたがったりしていたが、十九世紀中葉以降、通貨の地理的境界線と国家の政治的境界線が重なる地政学的構造が形成された（Cohen［1998＝2000］）。それゆえ、この時期の経済システムの境界も主権国家の境界と一致していた。

ルーマンも政治システムと経済システムをそれぞれ権力循環、貨幣循環のシステムとしてとらえたが、近代国家の内部で確立されたメディアの循環構造こそ、各システムの機能的閉鎖性を生み出したものなのである。

●文化の分化1——近代宗教

「文化」という概念は、一定の人間集団の生活様式を規定している価値・規範の体系という意味と、人間の高次な精神的活動ないしその形象という意味を内包しているが、後者の意味での文化、具体的にいえば、宗教や芸術も十九世紀に出現した。ただし、これらのシステムには、政治システムや経済システムに内在していたようなメディアの循環は見られない。それは、近代宗教や近代芸術が個人の内面的領域を構成する機能として分化したことと関連している。

世俗化は、政治の宗教からの分化の裏面として、宗教の政治からの分化をともなっていた。中世の時代には一切の機能を包含していた宗教は、世俗化が進むにつれて、政治的機能のみならず、経済的・教育的機能をも喪失したが、この変化は必ずしも宗教の衰退を意味するわけではなかった。他の機能の喪失によって、宗教は、他のシステムにはなしえない独自の役割を遂行するようになった。宗教は、彼岸の世界に関する問い――たとえば、人は死後どこへ行くのかといった問い――に答えながら、人の生き方に対する指針を与えた。いかなる世界観を受け入れるかは、信仰の問題として個人の決定に委ねられた。近代の宗教は、こうして各個人の内面的世界を規定する機能に特化した。T・ルックマンは、私的領域の中で成立する近代の宗教を「見えない宗教」と呼んだ（Luckmann［1967＝1976］）。

もっとも、近代社会の中で宗教が占める位置は、国によって多少の違いがあった。ヨーロッパ諸国では、ドイツのようなケースを除くと、宗教の脱政治化が進んだが、米国では、国家権力の中立性が制度的に謳われているにもかかわらず、政治と宗教は実質的な繋がりを維持した（中野［二〇〇二］）。それは、ピューリタンによる建国という宗教上の理由もあるが、多民族国家というアメリカ社会の特質にも由来している。多民族国家であるだけに、民族的同質性が高い国家にはない統合機能が必要とされたのである。とはいえ、そのアメリカ社会でも一九五〇年代以降、教会離れが進んだ。

●文化の分化2――近代芸術

宗教が政治・経済・科学などから分化する一方で、宗教から分化したのが芸術である。近代以前には、芸術と宗教は渾然一体をなしており、芸術作品の価値は「礼拝的価値」に置かれていた（小田部［二〇〇一］）。十八世紀においても、神が創り出した自然が範例となり、自然を模倣することが作品創造の規範となっていた。

しかし十八世紀末から十九世紀にかけて、芸術は「芸術のための芸術」として自律した（小田部［二〇〇一／二〇〇六］）。宗教的文脈から切り離されたことによって、芸術創造の規範は、自然から芸術家の内面に置き換えられた。芸術家は、独創的な芸術作品を生み出す創造的な主体に据えられた。近代芸術は、宗教だけでなく、技術や学問からも自律したが、いずれにしても近代芸術を特徴づけたのは、「（個人としての）芸術家」「（その内面性の表出としての）芸術作品」「（その作品の）独創性」であった。

宗教から切り離されたとはいえ、近代芸術も、自律的な個人の内面的世界を築き上げるという点では共通の役割を担った。「近代的芸術観が一八世紀末から一九世紀初頭にかけて成立したのは、『自律性』の理念によって特徴づけられる近代的人間観の成立と軌を一にしている。そもそも、近代の芸術家を特徴づける『独創性』という概念は、古代から与えられた範例の権威に依拠することのない近代的主体の自律性の表明にほかならない」（小田部［二〇〇一］二三四）。

ただし、このことは、芸術が個人の孤立的な営みになったことを意味しない。近代芸術の中核にある芸術家の自律は、歴史的には、貴族をパトロンにしていた状態からの解放によって生まれたが、そうした事態は芸術作品の市場的流通によって可能になった。芸術家は、自らの芸術作品を売ることによって経済的自律性を獲得し、それが芸術家の精神的自律性に繫がったのである。

●機能システム間の関係——分化（集中）から融合（拡散）へ

芸術と経済に限らず、機能分化した諸システム間には一定の構造的な連関が存在する。機能的に分化したからといって、分化した諸機能が互いに無関係になるわけではない。機能システムにとって他の機能システムは環境をなしており、各機能システムが相互に有する関係を、ルーマンは「構造的カップリング」として定式化した。たとえば、政府は個人や企業から税を徴収して政策を実施しているので、税を媒介にして経済システムと政治システムはカップリングしている。また、芸術作品が市場で取引されることも、芸術システムと経済システムのカップリングである。

機能分化した段階でも構造的カップリングが成立している以上、機能分化の変容において問題になるのは、機能システム間に繫がりがあるか否かではない。そうではなく、機能システム間の関係がルーマンのいう「構造的カップリング」としての関係であるか否かにある。

機能システム間の関係を理解する際、もう一つ留意しなければならないのは、機能分化が、別の面から見ると、機能集中でもあるということである。政治、経済、教育、科学のような公的領域をなす機能システムにおいては、機能分化を通じて各機能が特定の組織に集中した。政治機能は議会（官庁）、経済機能は企業、教育機能は学校、研究機能（科学システム）は大学にそれぞれ集中した。これらの専門的組織は、各機能システムの内部分化を構成する一要素であり、各機能システムは、これらの専門的組織と他の組織ないし個人を結び付けるかたちで統合されている。

機能分化が起こる以前には、社会的な諸機能は、家や村といった、環節分化した同類の組織の内部で営まれていた。社会的な諸機能が同一の組織の中に混在する一方で、それらの機能を包含した同類の組織は分散的に存在していた。家や村は分散的に存在する反面、その一つ一つがあらゆる機能を包含していた。しかし近代に入ると、分散的に存在する同類の組織の中で営まれていたそれぞれの機能が特定の専門的組織に集中した。そうした各機能ごとの集中を通じて機能間の分化が生じたのである。

そうだとすれば、機能分化の変容は機能集中の変容でもあるはずである。実際、現代社会では、機能集中に対して機能拡散が起こっている。各システムに集中した機能が再び拡散する現象が発生しているのである。機能が拡散し、他の機能システムに越境すると、機能の融合が起こる。現代社会で進行しているのは、機能の脱分化ではないが、集中に対する拡散、分化に対する融合である。そこでまず、政治と宗教の場合を取り上げよう。

2 政治と宗教の融合

●宗教の政治化

政治と宗教の分化をもたらした世俗化の流れは、第二次世界大戦後も継続され、一層貫徹していくかに見えた。プロテスタント世界では、政治と宗教の分化を前提にして教会の現代化をはかることが課題となったが、似たようなことはムスリム（イスラーム）世界でも起こった。ところが、世俗化の流れは、現代のグローバリゼーションが始まる一九七〇年代を境に大きな転回を遂げることになった。

G・ケペルによれば、世俗化の流れが「逆転しはじめたのは一九七五年頃である。そのとき新たな宗教の言説がかたちづくられたが、それは、もはや世俗の価値に適合しようというより、社会がぜひとも必要としている変革をおこなうことで、社会の組織化に新たな聖なる基盤を与えようとした。この言説はさまざまな表現をとおして破産した近代性の乗り越えを説き、神から遠ざかったことが近代性の挫折と袋小路の原因だとした」（Kepel［1991＝1992］18-19）。必要なのは、「キリスト教会の現代化」「イスラムの近代化」ではなく、「ヨーロッパ第二の福音伝道」「近代性のイスラム化」であるというわけである。

この新しい動きは、キリスト教やイスラーム教だけでなく、ユダヤ教、仏教、シク教といった世界の主要な宗教に見出される。M・ユルゲンスマイヤーは、その共通点として次の三点を挙げている（Juergensmeyer［1999＝2003, 1993＝1995］）。第一に、リベラルな価値観や大半の主流の宗教指導者や既成組織が作った世俗の制度との妥協を拒否すること。第二に、宗教を個人的・私的な領域に押し止める近代的な宗教観を拒否すること、第三に、国民国家のような「近代のひ弱な代替物」を彼らの伝統の中で存在していた厳しい宗教の形態で置き換えようとすること。

こうした傾向を代表しているのが、宗教的な原理主義である。日本では「イスラーム原理主義」が有名であるが、前にも述べたように、「原理主義（fundamentalism）」という言葉は、この運動に加わるイスラーム教徒が自らを表現するために使ったものではない。一九二〇年代の米国で生まれた言葉であり、米国こそキリスト教原理主義を育んだ国でもある。

●米国の原理主義運動

米国では、二〇〇一年の九・一一同時多発テロが発生する以前から、宗教的なテロ行為が頻発していた。一九九五年のオクラホマシティ連邦政府ビル破壊事件、九六年のアトランタ・オリンピック爆破事件、九九年カリフォルニアのユダヤ人福祉施設襲撃事件、九〇年代における一連の中絶クリニック襲撃事件。これらのテロを実行したのは、キリスト教右派に属する「リコンストラクション（再建）神学」や「クリスチャン・アイデンティティ」の信奉者である（Juergensmeyer［1999＝2003］）。

リコンストラクション神学は、政治や社会を含む世界における神の支配（ドミニオン）を主張するドミニオン神学の最右翼に位置する。リコンストラクション神学も、聖書に基づいて国家の法律と社会秩序の基盤を構築すること、つまりキリスト教社会の再建（リコンストラクション）を目標にしており、「後千年王国説」の立場に立っている。

キリスト教思想には、キリストが地上に再臨して至福の「千年王国」が実現されるという「前千年王国説」と、至福の「千年王国」が千年続いた後にキリストが再臨するという「後千年王国説」がある。前者は、キリストの再臨によって至福の状態がもたらされると考えるので、政治に対して消極的な態度をとるが、後者はキリストの再臨を準備するための政治的・社会的な変革を要求する。多くのキリスト教原理主義が拠り所にしているのが後者である。

中絶クリニック襲撃事件の背後にあった思想がドミニオン神学やリコンストラクション神学であったのに対して、オクラホマシティ連邦政府ビル破壊事件の実行犯に影響を与えたのはクリスチャン・アイデンティティである。極右を代表するクリスチャン・アイデンティティの起源は、十九世紀のイギリスにある。最初は、イエス・キリストがセム系民族ではなく、アーリア人だという説を唱え、のちにイギリス人が真正のイスラエルの民であるという信念に依拠して、ユダヤ人は自らの出自を詐称し、プロテスタントの秘密組織フリーメーソンの支持を得て世界支配を目論んでいると主張した。

この世界観が米国に移入されると、現代のアメリカ人の不安に応えられるように作り替えられた。「たとえば国連と民主党は世界を支配し個人の自由を奪おうと目論むユダヤ人・フリーメーソン連合の共犯者と目されている。一九八二年のパンフレットを見ると、ユダヤ人は『寄生虫かつハゲワシ』で国際間の銀行業務を通じて世界を支配しているとされる。国際通貨基金（ＩＭＦ）の設立、クレジットカードの導入、金または銀本位制を廃した紙幣による通貨制度などは『悪魔の陰謀』の最終的仕上げとしてリストアップされているという具合だ」（Juergensmeyer［1999＝2003］67）。

●キリスト教原理主義の基盤としての米国南部

これらのキリスト教右派が大きな影響力を獲得したのは一九九〇年代であるが、それ以前から政治の表舞台でも政治と宗教の関係が問い直されてきた。一九八四年のアメリカ大統領選挙では、共和党のレーガン大統領（第一期）と民主党のW・モンデール候補の間で宗教をめぐる論争が行われたが、そのきっかけを作ったのは、レーガン大統領の次の発言であった。「政治と宗教は不可分である。公立学校での祈りに反対する者は、宗教を否定する者である。道徳の基礎は宗教であり、神なくして民主主義は存続しえない」（中野［二〇〇二］五二）。

共和党は南部に支持基盤を拡大したが、キリスト教原理主義の支持基盤も南部にあった。キリスト教の内部にも近代的な宗教観を受け入れた「リベラル」と、聖書の絶対的な無謬《むびゅう》性を信ずる「ファンダメンタリズム」という二大陣営があり、二つの陣営は、南北戦争時から対立を繰り返してきた二つのアメリカ、すなわち工業化と近代化に成功した北部アメリカと農業地帯としての南部アメリカに重なっていた。「当時、ファンダメンタリズムの大量の軍勢を提供したのは南部だった。それは『バイブル・ベルト』（「聖書地帯」）とあだ名され、アメリカ合衆国の地図のうえでは、『穀倉地帯』（牧畜、トウモロコシ、綿花）の最南部と重なっている」（Kepel［1991 = 1992］189-190）。

クリスチャン・アイデンティティのようなキリスト教右派は、クリントン民主党政権を批判したが、皮肉なことに、クリントン政権が推し進めた政策は、共和党のレーガン大統領の新自由主義政策を継承したものであった。一九七〇年代を境にして起こった構造変化は、米国内でいえば、政治的にも宗教的にも、リベラルな性格が強い北部から保守的な性格が強い南部への覇権移行であった。その南部を基盤にして新自由主義と原理主義が勢力を拡大してきたのである。キリスト教原理主義の運動は、一九八〇年代にいったん挫折するが、九〇年代に入って活発化した。

いずれにしても、宗教が政治的性格を帯びるということは、政治と宗教の境界に対する越境的な現象である。この関係は、もはや政治と宗教の構造的カップリングではない。

3　政治と経済の融合

●政治権力の外部的拡散

政治と経済が租税のような形式でカップリングしている場合には、国民は国家的レベルの意思決定に（間接的ではあるが）参画することが保証されている。政府が、個人や法人から徴収した税金をもとにして何らかの政策を実施するとき、政府の政策を支持できない場合には、政権を交代させればよいからである。国民は、支持政党を選択するというかたちで政治選択を行える。その意味で、「与党／野党」という二肢コードは、代議制民主主義を機能させる権力コードであった。国民全体にかかわる問題が政策課題として取り上げられ、その意思決定と遂行が権力循環の過程を通じて進行するかぎり、政治システムは機能的閉鎖性を保持しえた。

ところが、このような政治システムの機能的閉鎖性は今日、内外から侵食を受けている。まず、内部からの侵食作用として、政治権力が政治システムの外部に拡散していく現象が起こっている。民営化は、政治システムから権力が外部に拡散することを促進した。民営化によって、それまで国家が担っていた公共機能は、市場の論理に基づいて企業の手で遂行されるようになったが、それは、公共機能が政策的な意思決定を経ずに遂行される可能性を意味している。

●軍事請負企業への委託

多くの国でさまざまな公共機能が民営化されたが，その最たる例は，国家の安全保障における民営化である。戦争の遂行を含めて，国家の安全保障は古くから国家の専権領域とされてきたが，今では国境の意味が薄らいできただけでなく，国家による物理的暴力の独占もおぼつかない状況になってきた。すでに述べたように，国家による物理的暴力の独占は，主権国家の重要な特徴の一つである。三十年戦争以前は国家も傭兵《ようへい》を雇って戦争をしていたが，三十年戦争を境に，国家による常備軍の形成が進んだ。しかし今日に至って，傭兵の現代的形態としての軍事請負企業が台頭してきた。

P・W・シンガーによれば，一九九〇年代から「軍事請負企業（PMF: Privatized Military Firm）」がグローバルな活動を展開している（Singer［2003＝2004］）。PMFは，非殺傷的援助と補助を行うだけの企業から，軍事コンサルタント（助言と訓練）を行う企業，さらには軍事役務（実戦と指揮）を提供する企業までさまざまなタイプがあるが，国家だけでなく，多国籍企業，国際組織，INGOにも採用されている。PMFは，二〇〇二年までの時点で，南極大陸を除くあらゆる大陸で活動しており，日本のように，PMFが活動していない地域のほうが珍しい。

PMFが台頭してきた背景として，シンガーは，「東西冷戦の終焉」「軍事行動の性格の変化」「民営革命」を挙げている。東西冷戦の終焉によって，冷戦構造下で抑止されていた多様な対立が噴出する一方で、当事国の統治能力が低下したために、安全市場の空白が発生した。また、情報戦としての色彩が強くなるとともに、金融市場を利用した資金調達が可能になったために、軍事行動の性格が変化し、テロ組織のような非国家的集団の力が増大した。そして、外注化の流れが国家の安全保障領域や国内の警備保障領域にも及び、軍事・警備の業務が民間企業に委託されるようになった。これらの要因が重なってＰＭＦの隆盛を招いたという。

●**軍事委託のリスク**

ＰＭＦの最大の顧客は米国国防省である。一九八五年に、米軍の軍事行動に民間の協力を求めることを定めた「米軍兵站《へいたん》文民統合プログラム」が成立し、輸送、給食、営舎設営などの兵站業務に限って民間委託がなされたが、九二年には、委託業務は、世界中に展開する米国の軍事行動を支援するあらゆる業務に拡大された（本山［二〇〇四］）。一九九一年の湾岸戦争時と二〇〇三年のイラク戦争時を比較すると、米軍将兵に対する軍事請負企業の従業員の比率は、およそ一〇倍に伸びている（Singer［2003＝2004］）。

国家が安全保障領域の民営化を行うのは経済的な理由だけでなく、テロ組織のような分散的な非国家的集団に対処するうえで正規の軍隊も柔軟な組織編成を行う必要があるからである。とはいえ、国家の安全保障という公共目的と、経済的利益を追求するＰＭＦの私的目的の間に乖離《かいり》が存在する以上、軍事委託は少なからぬリスクを孕《はら》んでいる。シンガーは、外注化にともなう危険として、業者が、①

最も必要とされている時に、顧客（施主）を見捨てる可能性、反対に、②施主（顧客）に対して支配力を及ぼす可能性を指摘している。

このことは、顧客＝施主が国家である場合にもあてはまる。国家の戦争であっても、業務中のＰＭＦが撤退ないしは戦線離脱を決めた場合には、企業の従業員を強制的に持ち場に留めることは法的に不可能である。また逆に、ＰＭＦが自己の利益になるように国家に刃向かう可能性も否定できない。かつてマキャベリは、傭兵隊長が軍事行動に長けていると、雇い主である君主を脅かし、自らの拡大をはかる傾向があることを指摘したが、ＰＭＦに関しても統制喪失という危険がつきまとっている。国家統制の喪失という事態は、国家の安全保障に関する意思決定とその実行を促す権力が国民の手を離れたところで働くことを意味している。

そして同じことが、公共機能が民営化された他の領域にもいえる。公共機能の遂行は企業の意思決定に基づくことになり、権力循環の外部に存在する分散的な企業権力に委ねられるようになったのである。

●外部権力（企業権力）の介入

権力循環の侵食は、さらに議会の決定過程に対する企業権力の介入というかたちで、民営化されていない領域でも起こっている。この外部からの侵食作用を認識するためには、機能分化が進んだ近代社会においても機能集中に一定の限界が存在していたことを理解しておかねばならない。

議会、企業、学校といった、特定の機能を第一次機能とする専門的組織も、その内部では他の機能を遂行している。たとえば、経済（生産）を第一次機能としている企業も、組織としての集合的な意思決定を下したり（政治機能）、社員教育を行ったり（教育機能）、企業文化を形成したりしている（文化機能）。一つ一つの組織も、社会的な諸機能を営むことによって成り立つミクロ社会なのである。

したがって、機能分化した社会における機能間の関係には「システム間関係（組織間関係）」と「組織内関係」という二重のレベルが存在している。前者のレベルでは、機能分化したシステム間の構造的カップリングが成立しているが、後者のレベルでは、機能分化の限界点として諸機能が渾然一体をなしている。そのため、企業でいえば、企業は、生産に関するマクロ的条件に関しては国家の政策決定に従いつつ、組織内では権力を行使しながら政治機能を遂行していた。

ところが、組織を取り巻く内外の関係は、ネットワーク化の進展にともなって大きな変貌を遂げてきた。特に企業は、内外のネットワーク化を通じて大胆なアウトソーシングを行ってきた。アウトソーシングは、内部資源（内部機能）の外部化であると同時に、外部資源（外部機能）の内部化でもある。外部に存在する資源を必要な時にいつでも自由に内部化できてこそ、アウトソーシングを行う意味がある。企業は、機能システム間の境界を越えたアウトソーシングによって、これまで自前で調達してきた資源や機能を、政府、大学、法律事務所といった外部組織に依存する一方で、自己の利益を確保できるように外部組織に対して積極的に働きかけるようになった。

こうした状況の下で、国家権力と企業権力の新たな関係が形成されてきた。企業にとって生産のマクロ的条件は、もはや国家権力によって定められた与件ではなく、国家権力への介入を通して政治的決定を自ら左右しうる操作的過程となったのである。それを端的に示しているのが、議会に対する企業のロビー活動の活発化である。

●議会に対する企業のロビー活動

「ロビー活動」という言葉は、個人や利益団体が（代理人を使って）政策過程に影響を及ぼす活動を表しており、そうした活動を行う人々が「ロビイスト」である。ロビイストは、議員と個人的に接触して、自己もしくはクライアントの利益に繋がる法案を作成したり、法案成立の際に投票したりするように議員に働きかける。ロビー活動を行う利益団体には種々の団体が含まれるが、その中心は企業である。

企業のロビー活動は一九七〇年代以降、爆発的に広がり、議会の意思決定に対して大きな力を奮うようになった（Reich［2007＝2008］）。こうした動きはヨーロッパでも進んでいるが、米国を例にとると、一九五〇年代には、ロビー活動のためのワシントン事務所を構えていたのは一〇〇社以下であったが、一九九〇年代には米国企業五〇〇社以上が常設事務所を開設した。首都ワシントンにおける登録ロビイストの数は、一九七五年の三四〇〇人から、二〇〇五年の三万二八九〇人に増大した。ロビイストの数が増えただけでなく、企業のＰＲ活動を行う専門企業や、企業に有利になる公共政策を広告したりマーケティングしたりする財団や研究機関もワシントンに進出してきた。

企業のロビー活動を支えているのは、その豊富な資金力である。たとえば、マイクロソフトは、二〇〇五年だけでロビー活動に九〇〇万ドルを使い、同社幹部は、民主・共和の両党にさらに何百万ドルもの献金を行った。ヤフーも一六〇万ドルを献金した。新参者のグーグルも五〇万ドル以上を使ってロビイストとコンサルタントを雇い、ワシントンに自社事務所を開いた。企業が「政界に毎年何千万ドルというカネを送っているのは、ロビイストであるローレン・マドックスの言葉を借りれば『政策決定プロセスは市場競争の延長戦にある』ということを理解しているからである」(同訳書、一九九)。

●国際組織への企業の政治的介入

企業や業界団体は今や、国家だけでなく、WTOのような国際組織の意思決定にも介入している。世界の自由貿易を推し進めるWTOには、企業も国家の代表団として加わっている。WTOは、違反国に対しては法律の改正を勧告することができるし、改正しない場合には、罰金か貿易制裁を加えることもできる。国家の法律が世界の自由貿易に反しているか否かが問われた時には、原告側が問題となっている法律の貿易制限を証明するのではなく、被告側が貿易制限になっていないことを証明しなければならない。後者の証明は容易でないために、国家は自国の意思決定を貫くことが難しくなっている(Hertz［2001＝2003］)。

たとえば、一九九六年、EUの欧州議会は、牛肉への合成ホルモンの投与を健康上の理由から禁止する法案を可決したが、その後、米国政府は、農薬メーカー、モンサント社、米国牧畜業者協会、米国乳製品輸出会議、牛乳生産者連合といった利益団体の圧力を受けて、ＥＵを相手にＷＴＯに提訴した。ＷＴＯは合衆国に有利な裁定を下したので、ＥＵは抗議したが、却下された。九九年、ＷＴＯは、米国とカナダが報復措置として一億二五〇〇万ドルを超える貿易制裁を科すことを認め、ヨーロッパの輸出品に重い関税が課せられた。

Ｎ・ハーツによれば、「倫理的に容認できない、あるいは環境にダメージを与える活動をしていると思われる企業に対して、政府がボイコットや懲罰的関税という手段を用いようとすると、ＷＴＯはこれまで何度となく介入し、それを阻止してきた。実際、これまで考えてきたあらゆるケースにおいて、ＷＴＯは民主的選挙を経た政府の要望にさからい、企業の利益にとって都合のいい決定をしている」（Hertz［2001＝2003］104）。

ＷＴＯが成立する以前の段階では、国家主権のほうが、制裁手段を欠いていたＧＡＴＴに対して優位に立っていたが、ＷＴＯは制裁手段を獲得することによって国家主権を脅かすようになった。そのＷＴＯや加盟国に影響を及ぼしているのが、多国籍企業に象徴される大企業である。現代の企業は、豊富な資金力を駆使して国家やＷＴＯをはじめとする国際組織を動かしながら、国内的・国際的な生産に必要な政治的条件を自らの手で創出しているのである。

現代の企業が国家財政に匹敵するだけの経済力を保有するようになったことで、貨幣は、経済システムのメディアでありながら政治的決定を左右する権力手段にもなっている。こうした事態は、政治システムを構成する権力循環が企業権力という外部権力によって侵食され、政治システムとしての閉鎖性を維持できなくなっていることを物語っている。政治システムと経済システム、権力と貨幣は、もはやルーマンが定式化した構造的カップリングではとらえきれない関係にある。

4　芸術と経済の融合

●近代芸術の終焉

近代社会の中で宗教と芸術は、ともに個人的領域をかたちづくる機能として分化したが、宗教が脱個人化して政治の表舞台に登場してきたように、芸術の分野でも似たような現象が起こっている。「近代芸術の終焉」が唱えられるようになったのである。

近代芸術の基礎をなす独創性は、過去の作品を否定したところに成立する以上、近代の芸術家は、既存の作品を次々と否定して新しい作品を生み出そうとした。しかし、過去の否定が自己目的化してくると、芸術作品は、次第に生命力を失っていった（小田部［二〇〇一］）。一九七〇年代にO・パズは、近代芸術の否定が慣習的な繰り返しとなり、技巧的・修辞的な否定に終始するようになった状況をふまえて「近代芸術の理念の終焉」を指摘した（Paz［1976］）。

ただし、近代芸術の危機は一九七〇年代に突如訪れたわけではない。美術の分野でいえば、二十世紀初頭に映画が登場したことによって、再現芸術としての絵画や彫刻は、具象的表現から抽象的表現をめざすようになった。具象から抽象への歴史は、絵画はいかにあるべきかをめぐる議論の歴史でもあったが、一九六〇年代に入ると、ポップアートのような新しい動きが現れ、絵画の正統性をめぐる議論そのものが脇に追いやられてしまった。「それまでおよそ『芸術』とは考えられていなかったようなものが『芸術』の地位を主張し始めたと言ってもよいし、逆に『芸術』が従来の伝統的な絵画・彫刻といった枠組みを超えてはるかに広い領域にまで進出していったと考えてもよいが、いずれにしても、従来の枠組みのなかでの『歴史の流れ』の議論は、その有効性を失ってしまった」（高階［一九九五］二一二）。

こうした状況をふまえてA・ダントは、一九八〇年代に「芸術の終焉」論を提起した。ダントによれば、「自己規定こそがモダニスム芸術の中心をなす」（Danto［1994 = 1995］230）が、この「十九世紀後半のある時期に始まった壮大な探求は、ついに結末にまで到達した」（同訳書、二一八）。ダントのいう「芸術の終焉」は物語的意味での「終焉」であり、即物的意味での「死」ではない。それゆえ、「芸術の終焉」後も芸術は存在するのだが、ポスト・ヒストリー時代の芸術は、「歴史的に規定された芸術の進むべき方向などない」（同訳書、二三二）無秩序な芸術となったのである。

●文化産業の現代的展開

芸術とみなされなかったものまでも芸術に包摂する「芸術」概念の拡張は、芸術作品の創造主体の変化とも呼応していた。近代芸術の創造主体は、個人としての芸術家であったが、芸術家の手による芸術が一部の専門家にしか理解できない自閉的世界に閉じ籠もってしまったのとは対照的に、大衆的支持を獲得したのは、文化産業の中で創造された作品であった。ポップアートは「ポピュラーなアート」という意味を内包していたが、ポピュラー音楽・映画・漫画・アニメといった分野において制作主体となったのは集合的主体である。たとえ作者としての中心的な個人が存在するとしても、作品創造は多数の人々の協力の下に進められる。そのような集合的な創造活動を組織しているのが、文化産業を構成する企業である。

そして、一九八〇年代以降における情報化の進展と規制緩和によって、文化産業も巨大化し、グローバル化の道を進み始めた。その典型的な例が映画産業である。二十世紀の映画産業を牽引してきた米国ハリウッドの映画産業は、一九五〇年代から七〇年代にかけて衰退の危機に瀕したが、八〇年代に入って復活した。デジタル技術の発達によって、文字情報、音声情報、映像情報など、あらゆる情報の統合化が可能になるとともに、規制緩和によって、出版・音楽・映画・テレビといった文化産業内の垣根が取り払われた。その結果、映画会社を中核としたコングロマリット（多角的な複合企業）が形成されるとともに、映画部門では、企画・制作・配給・関連商品（たとえば、ビデオ）の販売という一連の流れが統合された。この水平的統合と垂直的統合を通じて、ハリウッドの映画会社は、大量の人員と資金を動員して映画を制作するようになった。

ハリウッドの映画会社も多額の政治献金を行っている——たとえば、W・ディズニーは二〇〇〇年に一九〇万ドルの政治献金を行っている——が、赤木昭夫によれば、「ハリウッドが利益を生みだす仕組みの核心は映画の配給・金融ネットワークである。業界の二重構造、税制、会計制度、それらすべてについてまわる契約の迷路が、配給と金融という核心のまわりに張りめぐらされている。それによってハリウッドは嵐をかいくぐってきた」(赤木[二〇〇三]一六七)。

芸術が機能的に自律化した段階でも、芸術は経済と繋がっていたが、芸術作品が個人としての芸術家によってではなく、企業組織の集合的活動によって創造されるようになった段階では、市場の論理が芸術作品の創造過程に入り込んでいる。ことに映画のような巨額の制作費用を要する分野では、作品の制作過程は「独創的であるか否か」という芸術システムの論理よりも、「興行収入をあげられるか否か(支払う/支払わない)」という経済システムの論理に影響される。こうして、機能的自律化を前提にした芸術と経済の構造的カップリングも崩壊してきたのである。

第5章

グローバル社会の構造と理論

1　現代の歴史的位置

●十七世紀と現代の類似性

　これまでウェストファリア体制の形成と変容に焦点をあてながら、近代に始まるグローバリゼーションの過程をたどるとともに（第1章～第3章）、その過程で生じた機能分化の確立と変容を説明してきた（第4章）。この二つの過程は、どちらも基本的に十九世紀に確立された体制が再び変容してきているという点で共通している。

　一般に、近代は十六世紀に始まるとされているが、絶対主義の時代であった十七世紀は、中世的要素と近代的要素が混在した過渡期であった。三十年戦争後の十七世紀に、主権国家とそれを構成単位にしたウェストファリア体制が姿を現し始めるが、主権国家が国民国家として確立されるのは十九世紀である。さらに、ウェストファリア体制が西欧世界を超えて世界全体に拡大していくのは十九世紀から二十世紀にかけてである。また、政治・経済・文化といった社会的諸機能の全般的な分化が起こったのも十九世紀である。私たちが近代社会の仕組みとして考えているものは、基本的に十九世紀に確立されたものなのである。

　ところが、二十世紀後半におけるグローバリゼーションの進展は、この十九世紀的体制からの乖離《かいり》を引き起こしている。その結果、十七世紀と現代の間にはいくつかの類似点が見出される。すなわち、十七世紀には、①国内と国外を分離する基礎としての国境の観念が形成され始め、②国家による暴力の独占が進み始めた。十七世紀の絶対主義国家は、③王権神授説という、政治と宗教が未分化な言説に基づいて自らを正統化し、④労働という「生産の論理」ではなく、貿易という「交換の論理」によって富を蓄積しようとした。⑤グローバリゼーションの担い手であったのは東インド会社のような、国家から独占権を与えられた民間会社であったが、⑥民間会社といっても、政治的機能をも有する準国家的存在であった。

一方、現代においても、①国内と国外を分離する国境の意味が情報化の進展によって稀薄化し、②国家による物理的暴力の独占が軍事請負企業の台頭とともに崩れてきた。③政治的性格を帯びた宗教的活動が活発化するとともに、④富の蓄積においても「生産の論理」から金融という「交換の論理」へのパワー・シフトが起こっている。そして⑤現代のグローバリゼーションの重要な担い手として多国籍企業が台頭してきたが、⑥多国籍企業も、その豊富な資金力を権力手段として行使する準国家的存在となっている。

変化のベクトルは逆向きだが、どちらも中世的要素と近代的要素が混在するような様相を呈している。もちろん、現代は中世に回帰しているわけではないが、十九世紀的体制からの乖離によって十七世紀に類似しているのである。

●結節点としての主権国家

ウェストファリア体制の変容と機能分化の変容の背後には、もう一つのプロセスが存在する。それが近代国家の変容である。主権国家としての近代国家こそ、ウェストファリア体制と機能分化の結節点をなしている。近代国家という共通の土台のうえに構築されたのが機能システムであり、近代国家を単位にして形成された国家間システムがウェストファリア体制であった。

国民国家としての近代国家は、第1章で述べたように、①明確な国境の存在、②物理的暴力の独占（常備軍の組織化）、③近代官僚制（中央集権的な行政機構）の確立、④国民主権（政治と宗教の分離）によって特徴づけられるが、それらは、①国内と国外を地理的・社会的に分離し、②理念的には国外の影響を排して国内を自律的に統治するという二つの特徴に集約される。近代国家は、その点で国内と国外の分離が不明瞭で、国内を自律的に統治することが困難であった中世国家の対極に立っている。国外においてウェストファリア体制が変容し、国内において機能分化が変容したとすれば、それは近代国家そのものの変容を示唆している。そのことを、上記の二つの点に即して見てみよう。

●主権国家の変容1――国内と国外の分離不能性

主権国家が国内をどれだけ自律的な仕方で統治できるかは、国内と国外を分離する境界のあり方に依存している。国内と国外を分離する境界には、地理的境界と社会的境界があるが、国境という地理的境界は、国内と国外を社会的に分割するための前提条件にすぎない。というのも、国家の境界を実質的に規定しているのは社会的境界であり、社会的境界は、国内の組織原理と国外の組織原理の落差を通じて設定される。国内と国外がそれぞれ異なる社会関係によって編成される場合に、社会的境界が設定されるのである。近代国家の社会的境界は、国内においては国家の統治が隅々にまで及ぶ反面、国外においては国家を超えるいかなる権威も存在しないという組織原理の違いによって保持されてきた。

ところが、現代社会では、国家がローカル、ナショナル、リージョナル、グローバルという重層的構造に組み込まれることによって、国内と国外の対照性が崩れつつある。二十世紀のイギリスとオーストラリアにおける国内法と国際法の関係を精査したJ・クローフォードは、国内立法の過程で国際法の基準を反映した国内法の割合が著しく増大したことを明らかにした。この事実は、「国際法から国内法を分離するという単純な見方が間違いであることを証明している」（Crawford［1979］646）。

たとえば、人権とシティズンシップ（市民権）は、国民国家の形成にともなって分離し（Delanty［2000＝2004］）、国際法の中で人権が認められた第二次世界大戦後、個人は、国際法では人権を有する人間、国内法ではシティズンシップを有する市民として位置づけられたが、近年では、再び人権を基礎にしてシティズンシップを規定する流れが強まってきた。国際法に準拠して国内法を規定することは、国家にとって外部の内部化をもたらしている。

これとは反対に、政府の国際組織への参加は、内部の外部化を促している。今日の世界は、国連だけでなく、ＩＭＦ、世界銀行、ＷＴＯといった国際組織を通じて国家間の関係や国家の活動が規制されるようになったが、そうした国際組織の意思決定には、国家の意志が反映されている。とりわけ米国のような強い影響力をもった国家は、国際組織への圧力を通じて自国の影響を世界に及ぼしている。

いずれにせよ、近年では、国際合意を形成する国家的・非国家的な主体の数や形態が急激に増大した結果、「多くの省庁の役人は、何が国内問題で何が国内問題でないかを決定することが極めて困難であると考えるようになった」（Held et al.［1999＝2006］90）。

●主権国家の変容２——自律性に対する制約

国内と国外を明確に切り離すことが困難になった状況では、国家は、国内を統治する唯一絶対の権威ではありえない。国家による自律的な統治が困難になっていることは、国内経済の舵取りの難しさにも現れている。ブレトンウッズ体制の下で資本の移動が規制されたのは、国家の自律的な金融政策を保証するためであったが、一九八〇年代以後、世界各国で資本の移動が自由化されたことによって、国家は外部からのさまざまな影響を受けている。たとえば、一九九二年にイギリスのポンド危機が発生した際、その直接的な原因は、G・ソロス率いるヘッジファンドのポンド空売りにあった。

福祉国家の揺らぎとグローバル化の進展がともに一九八〇年代以降に生じたのは、決して偶然ではない。一九六〇年代には、企業に対して高い税金を課し、高い水準の福祉を実現する国家が多数存在したが、八〇年代以降、その数は激減している（神野［二〇〇二］）。企業に高い税金を課せば、企業は海外に流出してしまう以上、企業に高い税金を課すことは容易ではない。そのため全部ではないが、多くの福祉国家が高負担＝高福祉という理念を放棄した。国家にとってこのような選択肢の減少は、自らの自律的な統治能力に対する制約を意味している。

要するに、近代国家も、機能分化やウェストファリア体制が変容しているのと同様の意味で変容しているのである。グローバリゼーション論には、現代のグローバリゼーションを、①十九世紀における国際関係のさらなる発展とみなす見方（Hirst & Thompson［1999］）、②国家のボーダーレス化による主権国家の衰退とみる見方（Strange［1996＝1998］, Ohmae［1990］）、③主権国家の変容とみなす見方（Sassen［1996＝1999］）があるが、第一の立場を「国家存続説」、第二の立場を「国家衰退説」、第三の立場を「国家変容説」と呼ぶならば、それらの説は、国家の境界のあり方に対するとらえ方の違いでもある。これまでの考察が正しいとすれば、国家変容説が指摘するように、現代の国家は国内と国外を分離しつつも、両者を分離する境界のあり方が変化してきているのである。

2　グローバル社会の入れ子構造

では、現代が現象的には十七世紀に類似しつつも、十七世紀と十九世紀のいずれとも異なるとすれば、現代社会はいかなる社会なのだろうか。グローバル化が進展した現代社会を「グローバル社会」と呼ぶならば、グローバル社会はいかなる構造をもった社会なのだろうか。この問題を考えるうえで興味深いのは、国家、企業、機能システムに共通する境界問題が起こっているということである。今述べた、内部の外部化と外部の内部化は国家の境界に働いているだけでなく、企業の境界、そして機能システムの境界にも働いている。

●現代企業の境界

近年、企業組織論や産業組織論では、企業の境界の曖昧《あいまい》さが注目されている。「新しい『企業』地図には、企業の内と外を分ける明瞭な線は引かれていない。企業はむしろ、相互関係の網の目の真ん中に存在する、緻密なネットワークとして描かれている」(Badaracco［1991］314)。フォーディズムの段階では、企業の内部は官僚制の論理に、そして企業の外部は市場の論理に支配されていたので、この内外落差を通じて企業の境界は明確であった。ところが、現代企業の組織内関係と組織間関係はいずれも、市場と官僚制の中間を占めるネットワークという形式をとっており、その同質性ゆえに企業の境界は曖昧になっている。

しかも今では、組織間ネットワークは企業同士の関係を越えて、他の社会組織にまで広がっている。アウトソーシングの進展にともなって、企業は、研究・教育・法律・文化など、それまで組織の内部で営んできた機能を外部組織に依存するようになった。企業にとって必要な機能が企業以外の組織から調達されるようになったことで、組織間ネットワークは、経済システムと他の機能システムとの境界をまたぐようになった。

●超企業としての地域クラスター

組織間ネットワークにはさまざまなタイプがあるが、その一つが地域クラスターである。M・ポーターが指摘するように、市場競争の勝敗を決する戦略的拠点は、個々の企業から地域クラスターに移行してきている（Porter［1998＝1999］）。今や、地域クラスターは「超企業」的な存在となっており、その好例が二十世紀後半の情報産業をリードしてきたシリコンバレーである。J・ブラウンとP・ドゥグッドがいうように、「シリコンバレーは、その大部分が、組織的にはヘナート（1993）のいう市場と企業の『膨れ上がった中間』に相当する。実際に、ギルソン（1996）は、『変転する同盟関係、人脈、仲介者、企業、そして投資家の複雑なネットワークであるシリコンバレーは、事実上企業ではないのではないのか』という刺激的な問いを発している」（Lee et al. eds.［2000＝2001］24-25）。

シリコンバレーでは、優秀な人材を集めるために都市のインフラ基盤や居住空間が整備され、スタンフォード大学を中心にした大学との協力関係の下で研究開発が行われ、ベンチャー・ビジネスを推進するための各種の専門的サービスが提供される。一九九二年には、企業、政府、市民のリーダーが集まって「ジョイントベンチャー――シリコンバレー・ネットワーク」を創設し、官民一体となってシリコンバレーの産業活動を支援している。企業と大学、法律事務所、会計事務所、広告会社、銀行、行政機関などの間にネットワーク的関係が構築されることによって、シリコンバレーは超企業的な存在となったのである。

ただし、いくら超企業といっても、シリコンバレー自体が一個の統一的な組織を形成しているわけではない。A・サクセニアンがいうように、シリコンバレーでは「社会生活と仕事との境界や企業と企業との境界、さらには企業と地域の組織との境界、経営者と労働者との境界までがかすんだ、分散型産業システムの基礎」（Saxenian［1994＝1995］107）が築かれた。自律分散型システムの下では、全体を構成する個々の要素は自律的なふるまいをしているのである。

●内部の外部化と外部の内部化

アウトソーシングには、内部の外部化と外部の内部化という二つの契機が同時に含まれているが、企業の境界を曖昧にするこの二つの契機は別のかたちをとることもある。

たとえば、米国では、企業が自社の宣伝活動の一環として教育機関に学校教材や教育プログラムを提供することは珍しくないが、N・クラインによれば、一九九八年、コカコーラ社は、最も効果的な戦略を思い付いた学校に五〇〇ドルを与えるという触れ込みでコークのクーポン券を広めるための戦略を学校全体で考えさせるコンテストを行った（Klein［2000＝2001］）。このケースは、販売戦略を練るという、企業が果たすべき活動を学校に肩代わりさせている点で内部の外部化といえる。

これと対照的な事例を、一九九〇年代のナイジェリアにおけるシェル石油に見ることができる。N・ハーツによれば、当時、ナイジェリアの国家歳入の四分の三はシェル一社でまかなわれていたが、その利益が国民に還元されなかったため、市民の批判の矛先は、腐敗政権とそれに協力してきたシェルに向けられた。パイプラインが爆破され、石油設備が侵略され、営業所が閉鎖された。「国家が腐敗、あるいは崩壊しているならば、石油探査と掘削をビジネスにしている企業たちが、外交官、政治家、調停者として行動しなければならない」（Hertz［2001＝2003］219）ことを認識したシェルは、一九九九年、五二〇〇万ドルを使って学校、病院、道路、橋の建設を行い、政府に見放されていた地域に電気や水道を供給した。このケースは、政府が果たすべき役割を企業が肩代わりしている点で外部の内部化といえる。

現代の多国籍企業は、企業が自己の内部で営んできた機能を外部組織に委託する一方で（内部の外部化）、外部組織に積極的に働きかけながら必要な機能を調達し、それで不十分な場合には、自らの手で必要な機能を創出している（外部の内部化）。「企業はそれじたいを維持するために、社会を維持する必要があります」（同訳書、二二〇）というBP社の会長J・ブラウンの発言は、そうした状況を端的に物語っている。

●ネットワークのネットワーク

このように国家、企業、経済システムの境界に関して、内部の外部化と外部の内部化という二つの作用が働くと、内部と外部を分離する境界が存在するものの、その境界は相互浸透を許す曖昧な境界になる。もし境界が存在しなければ、内部と外部は区別されないが、逆に、内部と外部が厳格に分離されていれば、内部の外部化と外部の内部化は起こらない。つまり、国家、企業、機能システムは、十七世紀のように未分化な状態にあるのでも、また十九世紀のように機械的に分化した状態にあるのでもない。そこに現代的な特質が見出されるのである。

こうした境界は、現代社会が、組織内のレベルからグローバルなレベルに至るまで、入れ子状のネットワークを形成していることに起因している。入れ子状のネットワークは、ネットワークを構成する諸要素がネットワークを形成し、さらにその構成要素の一つ一つがネットワークを形成するといった重層的構造をなしている。ネットワークの重層的構造は多段階に及ぶが、こうした入れ子状のネットワークを「ネットワークのネットワーク」と呼ぶならば、企業、国家、機能システムは、いずれも「ネットワークのネットワーク」の結節点（ノード）として存在する。

しかも、企業間ネットワークは国境を越え、機能システムの境界をまたいでいるので、企業、国家、機能システムのネットワークは相互に絡み合っている。また、経済のグローバル化を推進する多国籍企業だけでなく、反グローバリズム運動を展開している個々の運動組織も、他の運動組織と国際的なネットワークを張り巡らしつつ、それ自体がネットワークを形成している。グローバルな運動組織も、内部ネットワークと外部ネットワークの結節点として存在するのである。

したがって、現代社会は、無数のネットワークが重層的に組み合わさった「入れ子型ネットワーク社会」として存在する。もっとも、入れ子の構造は、正確にいえば、現代社会に特有なものではない。たとえば、機能分化が確立された十九世紀の社会においても、全体システムと機能システムは入れ子の関係にあり、社会理論の中に入れ子的な論理が見出されても不思議ではない。たとえば、ルーマンのオートポイエティック・システム論では、全体システムの論理がそのまま機能システムにも適用されるので、全体システムと機能システムは、どちらもオートポイエティック・システムとして理解されている。これらのケースは、全体と構成要素が構造的な同型性をもつという意味で入れ子的である。

しかし、現代的ネットワークの場合には、全体と構成要素が同じネットワークとして構造的な同型性をもつだけでなく、内部の外部化と外部の内部化というかたちで構成要素の境界を越境するような作用が働いている。構成要素となるネットワークにとって外部とは、ネットワーク全体もしくは他の構成要素となるネットワークを意味するので、これらの作用が働くと、全体と構成要素ないし構成要素と他の構成要素の間に相互浸透的な関係が生まれる。

●「ネットワークのネットワーク」としてのインターネット

このような内部の外部化と外部の内部化を可能にしているのが現代の情報技術である。たとえば、アウトソーシングを行うためには、組織にとって必要な資源が組織の外部に存在しながら内部に存在するのと変わらない状況を創出しなければならない。それができなければ、資源の外部化はできない。とはいえ、物的資源や人的資源は、二つの異なる時空的位置（内部と外部）を同時に占めることはできない。これに対して、情報は遍在性をもち、「今・ここ」に存在すると同時に、別の「今・ここ」にも存在しうる。情報を「ここ」から「あそこ」に伝達したからといって、「ここ」に存在していた情報が消滅するわけではない。

組織や国家はそれぞれ異なった空間的位置を占める以上、国家や機能システムの境界を越えて内部を外部化したり、外部を内部化したりするには、そこに介在する時空的距離を克服しなければならない。情報には、時空的距離を克服し、資源をコントロールする働きがある。インターネットは、時空的距離を圧縮する情報機能を飛躍的に高めることによって、必要な時にいつでも外部に存在する資源を内部に取り込むことを技術的に可能にした。

近隣関係や友人関係のような伝統的ネットワークが対面的コミュニケーションの下で成立しえたのに対して（Wellman ed.［1999］）、現代的ネットワークは、インターネットという電子メディアをインフラ的基盤にしている。インターネットは、世界中に存在する無数のコンピュータ・ネットワークをネットワーク化したものであり、それ自身が「ネットワークのネットワーク」をなしている。入れ子型のネットワークはこうした情報的機能に依拠しながら、ヒト・モノ・カネの世界的な流れを生み出したのである。

3　現代社会の理論

以上のことをふまえると、今日の現代社会論が現代社会のいかなる側面を照射していたのかが明白になる。ここでは、グローバル化にかかわる現代社会論として、①再帰的近代化論、②「新しい中世」論、③帝国論、④ネットワーク社会論、⑤入れ子理論を取り上げよう。

●再帰的近代化論

現代と十七世紀の類似性は、現代社会が近代的性格を保持しつつも中世的様相を呈していることを含意しているが、ここから二つのバージョンが導かれる。その一つが、十九世紀的体制からの乖離を認めたうえで現代社会の近代的性格を強調する再帰的近代化論（ベック、ギデンズ、S・ラッシュ）である。ベックの再帰的近代化論に話を限定すると、再帰的近代化とは、近代化によって誕生した十九世紀の工業社会がさらなる近代化によってリスク社会に移行することを意味する。新しい近代社会としてのリスク社会は、社会的・政治的・経済的・個人的なリスクが、工業社会における監視制度や保安制度によって対処しきれなくなった社会である。

ベックによれば、再帰的近代化を通じてグローバル化が進展しただけでなく、個人化も進行した。工業社会の中で個人を束縛すると同時に保護していた生活様式が破壊され、一人一人の人間が自分で選択する代わりに、リスクを負わされる（Beck et al.［1994＝1997］）。個人化は単なる「私生活への非政治的退却」ではなく、「サブ政治」という新たな政治の始まりでもある。工業社会の中で制度化された政治システムが機能不全に陥る反面、工業社会で非政治的であったものが政治性を帯びてきた。「サブ政治」の出現は、第4章で説明した、権力の拡散に相当するが、再帰的近代化を通じて、私生活やビジネス、科学、都市共同体、日常生活までもが政治的対立の嵐に飲み込まれるようになった。

個人化とグローバル化は一見、正反対な現象に見えるが、これらは、再帰的近代化という同じ過程の二つの側面をなしている。「地球的に拡がったリスク社会においては、もう一度ロシアの入れ子細工人形のイメージを用いれば、政治的なものの考えうる最小の単位である私生活が、世界社会を包含していく」（同訳書、八七）のである。

●「新しい中世」論

再帰的近代化論とは対照的に、現代社会が中世的状況に接近していることを強調したのが、一九七〇年代にＨ・ブルによって提唱された「新しい中世」論である。今から三十年以上も前の状況をふまえているだけに、ブルは、「『国家以外の集団』が国家主権をすっかり侵害して、主権国家システムが、今やその選択肢によって置きかえられつつあると結論するには、まだ十分な証拠がそろっていない」（Bull［1977＝2000］329）と慎重な判断を下しつつも、主権国家システムを一部に含む世界政治システムが形成されていると主張した。ブルは、主権国家システムが、中世キリスト教世界をかたちづくってきた権威の重複的システムの世俗的な再生に向かっていることを「新中世主義」と呼んだうえで、その趨勢として五つの点を挙げた。

まず第一は、複数の国家がより大きなシステムの構成単位へと統合されていく「国家の地域統合」である。その最も先進的なケースが当時のＥＥＣ（ヨーロッパ経済共同体）である。

第二は、「国家の分裂」である。「ユーゴスラヴィア」のような比較的新しい国、さらにイギリス、カナダ、スペイン、ベルギーのような古い歴史をもつ国でも、ウェールズ人（イギリス）、ケベック人（カナダ）、バスク人（スペイン）、フラマン人（ベルギー）などの要求から主権国家システムに変化が生ずる可能性がある。ただし、国家の地域的統合と同様、国家の分裂も新しい国家を創るところまでいかない中間段階で固定される場合に理論的な重要性をもっている。

第三は、国際的テロリズムに象徴される「私的な国際的暴力の復活」である。非国家的集団によって暴力が行使されるだけでなく、それが国際社会の中で合法的なものとして認められると、国家は、合法的な暴力行使の独占権を失うことになる。

第四は、多国籍企業、非政府的国際団体、国際的な教会団体、国際政府間組織といった「国境横断的な機構」の台頭である。国際的なテロ組織もそこに含まれる。

そして第五は、地球の収縮化をもたらす「世界的な技術の統一化」である。全世界的な通信の発達もその要因の一つであるが、技術的進歩に基づく世界的依存の深化や世界的な統合は、同時にローカルな統合を生み出したり、世界的な対立と緊張を高めたりするという。

●帝国論

第1章で述べたように、十七世紀初頭の西欧世界では、帝国が形成される可能性がまだ残っていたが、ウェストファリア条約の締結とともにその可能性が実質的に消滅し、主権国家が形成され始める。そして、主権国家を単位にしたウェストファリア体制は、各国の帝国主義的運動を通じて外部に君臨していた帝国を滅ぼしながら世界システムにのしあがるとともに、そのさらなる発展過程を通じて内的変容を蒙ってきた。ネグリとハートは、この主権国家システムの揺らぎの中から現れてきた体制を

「帝国」と称した。

彼らによれば、現代において姿を現してきた帝国は、十九世紀の帝国主義とは一線を画している。帝国においては、権力の領土上の中心もなければ、固定した境界もない。第二次世界大戦後、三つの世界（第一・第二・第三世界）が確立されたが、今では、第二世界（東側陣営）がほとんど消滅する一方で、第三世界（発展途上国）の中に第一世界（西側先進国）、第一世界の中に第三世界が組み込まれた体制、すなわち差異化と均質化、脱領土化と再領土化が複合的に絡まり合った体制が誕生した。そうした体制の誕生を導いてきたのが、先進国から発展途上国への資本や技術者の移動であり、発展途上国から先進国への移民の流入であった。

帝国における生産はグローバル化しているだけでなく、人間の生をまるごと包摂するような「生政治的」性格を帯びている。産業的な工場労働に代わって、支配的な労働となったのは非物質的労働である。情報や知識やアイデア、またイメージや関係性や情動といった非物質的な生産物を生み出す非物質的労働は、究極的には主体性の（再）生産であり、「コミュニケーションや協働、情動による関係に基づいたネットワークという社会的形態をとる場合が多い」（Hardt & Negri［2004 = 2005］上、126）。

「そうした生産においては、経済的、政治的、文化的なものがますます重なり合い、互いにその力をますます備給し合っている」（Hardt & Negri［2000 = 2003］5-6）。「資本のもとへ社会が実質的に包摂される」（同訳書、二五六）が、そうした秩序を創り出す働きが「生権力」ないし「ネットワーク状の権力」である。ネットワーク状の権力には、主要な国民国家のほかに超国家的制度、多国籍企業その他の権力も、主要な要素ないし結節点として含まれる。

そして、帝国に抵抗する政治的主体として立ち現れてきたのが「マルチチュード」である。マルチチュードというのは、国民のような単一の同一性には縮減できない、無数の内的差異からなる多種多様な人々の集合である。ネットワーク権力と戦うためには、それ自身もネットワーク化されていなければならず、「マルチチュードもまた、ネットワークとして考えることができる」(Hardt & Negri [2004 = 2005] 上、19)。

●ネットワーク社会論

ネグリとハートも言及した社会的ネットワークを主題的に論じたのが、M・カステルのネットワーク社会論である(Stalder [2006])。カステルは、すでに情報社会論に関する大著(Castells [1996, 1997, 1998])を著《あらわ》しているが、情報社会を「ネットワーク社会」とも呼んでいる。

カステルによれば、ネットワーク社会は、マイクロ・エレクトロニクスに基礎を置いた情報・コミュニケーション技術をインフラ的基盤とし、無数の社会的ネットワークによって構成された社会である(Castells [2004])。ネットワークは、環境的変化に応じて自己を再編する「柔軟性」と、わずかな攪乱《かくらん》によって拡大・衰退する「拡張性」、そしていかなる中心もないゆえにノードやコードに対する攻撃にも耐えうる「生存力」を有している。

ネットワーク社会は、グローバルなデジタル・ネットワークをインフラ的基盤にしているのでグローバル社会でもある。ネットワーク社会における最も根本的な分業は、知識集約的な性格をもつ「自己プログラム化可能な労働」と、労働集約的で機械に代替される「一般労働」の分割である。ネットワーク社会における労働組織は、この二項対立的な論理に従って編成される。また、ネットワーク社会の権力は、ネットワークそれ自身に起因しているので、権力を行使してグローバリゼーションを推進するプロセスとその権力に抵抗する反グローバリズム運動のプロセスは、同じ論理に従っていることになる。

●入れ子理論

カステル、そしてカステルのネットワーク社会論をふまえつつ「複雑系の理論」を援用して現代社会の分析を試みたJ・アーリは、いずれもネットワークの入れ子構造について明示的に語っているわけではないが、アーリが「ホログラム」というメタファーを使って現代社会を説明した際、ホログラムは、今問題にしている入れ子的性質を部分的に表現している（Urry［2003］）。

ホログラム（完全写像記録）というのは、レーザー光線の干渉現象を利用して被写体を三次元的に映し出したものである。写真のレンズは、被写体を二次元的な映像として記録するのに対して、ホログラムは三次元的な映像として記録するが、両者の違いはそれだけではない。写真の場合、被写体の各部と映像の各部が一対一の対応関係をもつが、ホログラムの場合にはそうではない。たとえば、林《りん》檎《ご》の画像が映っているホログラフィック・フィルムを半分に切り、そこにレーザー光線をあてると、どちらの半分にも林檎の全体像が映し出される。この半分をまた半分に、さらに半分に分けても各フィルムの断片から林檎全体の映像が浮かび上がるのである。

「ホログラフィック・フィルムのどの部分にも全体に関する情報がある、というのは、実は情報が非局在的に分散されているということを別の言い方で述べているにすぎない」（Talbot［1991＝2005］50）。つまり、ホログラムにおいては、全体（外部）に関する情報が各部分（内部）に取り込まれることによって、各部分が「ミクロな全体」となっているのである。

●現代社会論の課題

「どの部分にも全体が含まれる」という論理は、二十世紀半ばに発明されたホログラムだけでなく、「集合論」や「フラクタル」といった現代数学にも散見されるが、その源流は中世にある。個体（個人や個物）が全体に先立って存在すると考える近代的世界観に対して、中世的世界観は、神という全体が個体に先立つという発想に立っている。そうした世界観に依拠した中世社会では、O・ギールケが指摘するように、「世界の構築が依拠していると同一の原理が、あらゆる部分全体の構成に際しても繰り返されねばならない。それ故、それが一つの全体である限り、あらゆる特殊的存在は、世界という『大宇宙』（"macrocosmus"）の縮小された模像として、『小宇宙』（"microcosmus"）ないし『小世界』（"minor mundus"）として現われる」（Gierke［1954＝1985］45）。

このような発想を哲学的理論にまで高めたのが、十七世紀に活躍したG・W・ライプニッツである。ライプニッツは、情報学の分野では、現代のコンピュータの原理を最初に考案したことで有名だが、彼の情報学的貢献はそれだけではない。彼の哲学的理論であるモナドロジー（単子論）は、内井惣七の言葉を借りれば、「情報の担い手を究極的実体と見なし、宇宙の変化を情報の流れに着目して解き明かす」（内井［二〇〇六］七九）試みとして解釈することができる。

R・デカルト以後の世代に属するライプニッツは、すでに個体が世界の根源的な単位であることを認めたうえで、中世のスコラ哲学と近代哲学を架橋しようとした。その成果として結実したのがモナドロジーであり、その中で個体としてのモナドは「宇宙を映す永遠の生きた鏡」（Leibniz［1954＝1989］229）として位置づけられた。各モナドは、宇宙をそれぞれ異なった仕方で映し出すことによって個体化されるが、宇宙という全体に対して「全体的な部分」（Leibniz［1880＝1990］101）として存在する。

現代に類似した十七世紀に、このような入れ子の論理に立脚した思想が誕生したのは、おそらく偶然ではないだろう。とはいえ、ライプニッツの思想は、世界（宇宙）と個体の関係を入れ子の論理で定式化したにすぎなかった。社会の内部に働く入れ子の論理を明らかにしたわけではなかった。全体を各部分の加算的な集合としてとらえる近代の個体主義的世界観に対して、その後、全体を部分の総和以上のものとみなす世界観も登場したが、入れ子の論理においては、全体が部分に先行するのでも、また部分が全体に先行するのでもない。現代社会論に求められているのは、全体と部分、部分と部分の関係に対する新たな認識の下に、「ネットワークのネットワーク」として構成される現代社会の入れ子構造を説明する理論ではないだろうか（正村［二〇〇八］）。

終章

グローバリゼーションの行方

最後に、グローバル化した現代社会が抱えている課題を述べて本書を閉じることにしたい。現代社会が直面している問題は、世界的な経済危機だけではない。現代社会の中で起こっている変容は、これまで見てきたように、主権国家や機能分化が確立された十九世紀的体制からの乖離《かいり》としてある。こうした広い歴史的文脈の中でとらえたとき、現代社会は、政治・経済・文化・環境という四つの次元においてそれぞれ困難な課題に直面している。

1　政治的次元――民主主義の危機

●代議制民主主義の空洞化

二十世紀における主権国家の拡大は、近代の代議制民主主義が普遍化していく過程でもあった。「フィリップ・シュミッター主導のグローバル・デモクラシーに関する調査プロジェクトの結果によれば、適度な自由選挙制を維持している国の数は、一九八八年（ソ連体制崩壊の直前）の一四七から一九九九年の一九一に増加した」（Crouch［2003＝2007］7）。ところが、民主主義が世界を覆うようになった今、民主主義は危機に陥っている。

その根本的な理由は、近代民主主義の成立基盤であった主権国家が変容してきたことにある。近代民主主義は、主権国家が一方で外部の影響を遮断しつつ、他方で国内の政治的機能を政治システムに集中させることによって作動してきた。しかし、グローバル化の進展にともなって、国外の影響を排除することが難しくなっただけでなく、政治的機能が政治システムの外部へ拡散するようになった。そのことで、政治の本質をなす社会的な意思決定は、政治システムの外部、すなわち選挙によって国民の民意が問われることのない領域で決定されるようになったのである。

C・クラウチは、民主化の度合いは、福祉国家、ケインズ主義的な経済政策、そして制度化された労使関係が樹立された二十世紀中葉にピークを迎え、その後、民主化が後退していることを指摘している。「一般大衆は受動的で静かな、さらにはしらけた態度をとり、与えられたシグナルにしか反応しない。そしてこの見世物的な選挙ゲームの裏で、選出された政府と、徹底して企業の利益を代表するエリートたちの相互交渉によってひそかに政治は形成される」(同訳書、一一)。それは、「企業内での権力が、はるかに広範な政治上の権力に変換される」(同訳書、七二) ことを意味している。

●代議制民主主義と直接民主主義

代議制民主主義が空洞化する中で、多くの論者が期待しているのは、新たに勃興してきた社会運動である。政治選挙に対する人々の関心が薄らいできたとはいえ、一九八〇年代ごろから、環境運動、女性解放運動、平和運動、人権運動など、「新しい社会運動」と呼ばれる社会運動が活発化してきた。政治システムの外部で行われる政治的決定に対して市民の声を直接反映させようとする社会運動は、直接民主主義を志向している。こうした社会運動を支えているのがインターネットであり、ネグリとハートも、インターネットがマルチチュードのモデルとなる理由として、「第一に、さまざまな接点がすべて互いに異なったまま、ウェブの中で接続されていること、第二に、ネットワークの外的な境界が開かれているために、常に新しい接点が関係性を追加できること」（Hardt & Negri［2004＝2005］上、21）を挙げている。

しかし、社会運動の活性化だけで民主主義の危機が克服されるわけではない。そもそも、民主主義は今でこそ、最良の統治システムとして評価されているが、そのような評価が固まったのは二十世紀に入ってからである（福田［一九八八］）。それ以前には、意外にも民主主義は危険視されていた。というのも、民主主義は、人間の自律的な意志に基づいている以上、独裁政治や衆愚政治に転化する可能性を内在的に孕《はら》んでいるからである。事実、古代ギリシャの都市国家アテネでは、直接民主主義が衆愚政治と化すことによってアテネの崩壊を招いたし、フランス革命後に誕生したのもジャコバン党による独裁政治であった。

民主主義の危うさを認識していたプラトンは、賢者としての「哲人王による支配」を唱えたが（佐々木［一九九八］）、社会の中で、だれが望ましい統治を行いうる賢者であるかを知る術《すべ》はない。民主主義を採用せざるをえないのは、結局のところ、民主主義に取って代わる有効な統治システムが他に見当たらないからである。民主主義は、最良の統治システムというよりは、次善の統治システムなのである。そして、代議制民主主義と比較すると、直接民主主義は人々の意志を政治的意思決定に反映させやすい代わりに、独裁政治や衆愚政治に転化する危険性も高い。そのことをふまえると、代議制民主主義が機能不全に陥ったからといって、直接民主主義を確立すれば済むわけではない。

●グローバル・ガバナンス

しかも、現代社会は、多種多様なネットワークが入れ子状に形成された社会であり、ネットワークの中では内部の外部化と外部の内部化が働くため、その影響関係は複雑に絡まり合っている。政治的決定を行う権力主体が国家、多国籍企業、国際組織、ＩＮＧＯ、社会運動組織に広がっているだけでなく、政治的決定の場も「ローカル・ナショナル・リージョナル・グローバル」という多層的なレベルにわたっている。権力主体と権力行使の場が多様化・多元化している以上、統治の構造も自ずとそれに見合った性格をもたざるをえない。民主主義を有効に機能させるためには、さまざまなレベルで代議制民主主義と直接民主主義を組み合わせていくほかないのである。

それには、一方で、制度的な政治システムの外部で働く権力に対して、社会運動による対抗権力を強化するとともに、他方で、ナショナル以外のレベルにおいて代議制民主主義を機能させる制度的機構を創出しなければならない。世界政府のような超国家的組織を作ることは現実的ではないが、すでにＷＴＯのような国家主権を超える国際組織が存在する以上、経済以外の面でもそれと並ぶだけの実効的な機能を国際組織にもたせる必要がある。つまり、多様な民主主義的なチャネルを通じて、入れ子状のネットワークを重層的に統治しうるグローバル・ガバナンスを構築することが求められているのである。

2 経済的次元――資本主義の自壊作用

●合理性追求の非合理的な帰結

民主主義が普遍化した末に危機に陥ったように、資本主義も内的矛盾を抱えている。かつてウェーバーは、近代資本主義を論じた際、形式合理性が実質的な非合理性に転化しうることを指摘した（Weber［1972＝1975］）。実質的合理性が特定の価値観点の下に設定された目的を実現する合理性であるのに対して、形式合理性は、価値観点を一切捨象したうえで計算可能性に基づいて所与の目的を達成する合理性を指している。ウェーバーが活躍した時代から一世紀近く経った現在、合理性の追求の仕方も変化し、非合理的な結果は、合理性を追求する新たな形式の下で生じている。

まず第一に、ウェーバーが生きていた時代には、形式合理性を最も体現していたのは、形式的な規則に支配された官僚制であったが、フォーディズムからポスト・フォーディズムへの移行、そして東西冷戦の終焉にともなって、官僚制に代わって市場が最も合理的な仕組みであると考えられるようになった。市場メカニズムは、世界的に広がるとともに社会生活の隅々にまで浸透してきたが、市場メカニズムの下でこそ、あらゆる問題が計算可能な問題に還元されうる。

第二に、以上のこととも関連しているが、長期的合理性に対して短期的合理性が追求されるようになった。短期的合理性の追求は、市場重視を推し進めただけでなく、利潤追求という資本主義の基本的な性格をも変化させた。そのことを端的に物語っているのが、生産から金融へのパワー・シフトである。研究開発→生産→販売という生産の論理に依拠して利潤を得るには時間がかかるが、金融取引に基づく利潤は、時々刻々と変化する為替・金利・株価の変動から生ずる。新自由主義政策の一環として行われた金融の自由化は、金融の力を増大させると同時に、短期的合理性の追求を促進することにもなった。

そして第三に、現代社会の合理性は、現代社会が抱える問題をリスクとして把握し、リスクを科学的手法に基づいて軽減しようとする点にある。一九七〇年代から八〇年代にかけて起こった、固定相場制から変動相場制への移行、そして金融の自由化は、為替や金利や株価の変動を発生させることによって金融リスクを増大させたが、こうした金融市場で発生するリスクを計量化し、軽減する技術を開発してきたのが金融工学である。サブプライム・ローンに内在するリスクを無数のリスクに分解して他の金融商品に紛れ込ませる証券化の技術も、本来はリスクを軽減するための技術として開発された。

ところが、こうした合理性の追求が皮肉なことに非合理な結果を招くことになった。米国のサブプライム・ローンに端を発する世界的な金融危機もその一つの現れである。もちろん、市場経済には景気循環がつきものだし、今回の金融危機の背後には、金融格付機関の甘い評価から国際収支の構造的不均衡に至る多数の要因が関与しているが、その根底では「市場メカニズムの活用」「短期的合理性への志向」「科学的手法に基づくリスクの軽減」という、合理性を追求する三つの形式が作用している。この三つの形式が世界的な金融危機という一つの非合理な結果に収斂したともいえる。

●経済システムの再埋め込み

しかし、問題は世界的な経済危機に止《とど》まらない。というのも、入れ子状のネットワーク社会では、全体が各部分に取り込まれるだけでなく、ある部分によって全体が支配される可能性、つまり経済システムによって社会全体が包摂されてしまう危険性が存在するからである。

かつてポランニーは、社会関係の中に埋没していた市場が、そこから抜け出すことによって自己調整的市場が形成されたことを指摘したが、自己調整的市場としての経済システムも、他の機能システムから完全に独立したわけではなく、他の機能システムに依存しながら自己再生産を行っていた（Polanyi［1944＝1975］）。ところが、経済システムと他の機能システムが融合的になった現在、経済システムは、社会関係の中に再び埋め込まれるどころか、内部の外部化、外部の内部化という二重の作用を通じて、自己の再生産に必要な非経済的条件をも自らの手で創出するようになった。社会という外部を自らの内部に実質的に包摂し、社会をコントロールする可能性を獲得しつつある。

しかし、社会が経済システムにとって必要な機能を調達する社会へ変革されるとき、その変革が社会と経済システムの持続的な再生産に繋がる保証はない。持続的なイノベーションを求められている現代的な生産にとって究極の課題は、創造的人間を育成することにある。そうした人間を育成するには時間がかかるだけでなく、物質的・社会的・教育的な条件の整った安定的な環境を整備しなければならない。人間の能力は、良好で安定的な環境の中で長い時間をかけてこそ開発されうる。しかるに、現代においては、ヒト・モノ・カネの絶え間ない移動を通じて、必要な時に必要な資源を調達する方法が一般的になった。このような移動と短期的合理性の論理によって社会全体が支配されると、経済システムは、自らに必要な社会的条件を獲得するどころか、かえって喪失することにもなりかねない。

市場メカニズムは、一定の非経済的条件なり社会的コンテクストに支えられて有効に機能しうるが、現代の資本主義は、そうした自らの成立前提を掘り崩してしまう危険を孕んでいる。企業や市場を有効に機能させるためには、経済システムを十七世紀の未分化な状態とは異なる意味で社会の中に埋め込まなければならない。「ネットワークのネットワーク」という入れ子型ネットワークには多様な可能性が含まれているが、その適正なあり方が模索されねばならないのである。

3　文化的次元——文化的な同質化と多様化

●文化のグローバリゼーション

文化の次元では、グローバリゼーションが進展した一九八〇年代以降、同質化と多様化という、正反対の動きが進行している。

文化のグローバリゼーションが文化の同質化を招いているか否は、論争的な問題となっている。文化帝国主義論のように、グローバリゼーションをメディア産業によるアメリカ文化の世界的浸透としてとらえ、文化の同質化を強調する見方がある一方で、アメリカ文化が世界に浸透する過程で蒙るローカルな屈折を強調する見方もある（Barber［1995＝1997］）。たとえば、マクドナルドのハンバーガーは世界中に広まったとはいえ、各地域でさまざまなバリエーションが生まれている。R・ロバートソンは、グローバリゼーションとローカリゼーションの同時並行的な進展を「グローカリゼーション」という言葉で表現した（Robertson［1992＝1997］）。

文化帝国主義論の主張がいささか単純であることは事実であるが、グローバリゼーションを通じて文化的な同質化が起こっていることもまた否定できない。たとえば、世界に存在する言語の数を見てみると、その多様性は、生物多様性の減少以上のスピードで減少してきている。世界で話されている言語の数は、十六世紀初期には一万四五〇〇言語であったが、二十世紀初期には七五〇〇言語、そして二十一世紀初期には三〇〇〇言語に減少した。言語的多様性は近代初頭から減少してきたとはいえ、この一世紀もの間に半減している（Steger［2003＝2005］）。言語と文化は不可分である以上、言語的な多様性が喪失する中で文化的な同質化が進んでいることは想像に難くない。

●多様な文化の両立

一方、国内の文化に及ぼすグローバリゼーションの影響に目を向けると、文化の同質化とは対照的な問題が発生していることがわかる。

すでに述べたように、国民国家といえども、あらゆる国家が民族・言語・文化に対して一対一の対応関係をもっていたわけではなかった。日本のように、複数の民族・言語・文化から構成されているにもかかわらず、単一民族であると擬制することによって成立した国家もあれば、フランスのように、多様な民族・言語・文化を前提にして成り立っている国家もあった。さらに、米国は、先住民が存在していたとはいえ、世界各地から流入した人々によって創設された移民国家である。

とはいえ、いずれの国家においても二十世紀前半までは、公的領域では特定の文化が支配的な文化とされ、それ以外の文化は私的な領域で容認されるにすぎなかった。このような文化のあり方は「文化的多元主義」と呼ばれている。ところが一九七〇年代以降、「文化的多元主義」にかわって「多文化主義」の動きが台頭し、公的な領域でも多様な文化を認めようとする動きが活発化した（油井・遠藤編［二〇〇三］）。たとえば、英語を公用語としていたカナダでは、フランス語を話すケベック人の要求を受け入れ、二言語二文化主義を採用したのを皮切りに、多文化主義への道を歩み始めた。

カナダに限らず、多くの国で多文化主義の動きが広がったが、そうした中で改めて国民国家をどのように統合するかという問題が浮上してきた（Delanty［2000＝2004］）。グローバリゼーションの進展によって多数の移民を抱える現代の国民国家においては、これまで国際関係として成り立っていた民族間・言語間・文化間の関係が国内においても反復される入れ子的構造をもっている。民族・言語・文化の多様性を維持しつつ、それらをどのように両立させるのか、現代社会が解決しなければならないこの問いは、国内的かつ国外的な問題になっている。

4　環境的次元――社会問題としての地球環境問題

●地球温暖化と水危機

現代社会が直面する、もう一つの難問は地球環境問題である。地球環境問題には、生物多様性の減少、オゾン層の破壊、酸性雨、地球温暖化など、数多くの問題が含まれるが、現在、最も重視されているのは地球温暖化である。地球温暖化のメカニズムについてはまだ十分に解明されてはいない。社会的活動に起因する二酸化炭素の増大が地球温暖化の主要な原因であるという考え方が有力であるとはいえ、それに批判的な研究者もいる。原因を正確に究明する努力は続けなければならないが、人間の社会的活動が地球温暖化の原因である可能性を考慮に入れると、予防的観点から対処する必要がある。原因が完全に解明されてからでは手遅れになるからである。そのことを前提にすると、地球環境問題の本質は、「地球環境に影響を及ぼす社会的活動を地球的規模でいかにコントロールするか」という社会問題にある。

これまでは地球環境に与える人為的影響はわずかなものにすぎなかった。近代以前の中心的活動であった農業は自然の循環的過程に組み込まれていたし、工業化が始まった近代以降も、自然に及ぼす影響は比較的小さかった。しかし二十世紀後半になると、工業化の波が世界的に広がるとともに、人々の物質的な生活水準も上昇した。その結果、人間の産業活動や生活行動に起因する二酸化炭素が増大し、その温室効果から地球温暖化が進んだと考えられるのである。そうだとすれば、現に起こっている温暖化問題に対処するとともに、温暖化の原因になる社会のあり方を変える必要がある。

●公的セクターと私的セクターの協働

地球温暖化によって発生する諸問題の中で、対策が急がれているものの一つが水危機である。地球には豊富な水が存在するとはいえ、飲料水や産業用水として利用可能な淡水は、地球の総水量の〇・五パーセント以下を占めるにすぎない。すでに米国、中米、中近東、南欧、中国など、世界各地で深刻な水不足が起こっており、「これから四半世紀のうちに全人類の二分の一あるいは三分の二の生活は深刻な水不足に見舞われるだろう」(Barlow & Clarke［2002＝2003］7）といわれている。

こうした状況の中で、水道事業という公共的領域においても、スエズやビベンディのような多国籍企業が台頭してきた。フランスに本拠地を置く、この世界最大手の二社も、国際組織や金融機関との結び付きを通じて世界における水道事業の民営化を背後から推し進めてきた。世界的な水不足の解消は、国家的努力を超えた問題になっているが、水道事業の民営化は新たな問題を発生させている。M・バーロウとT・クラークによれば、フランスでは、水道事業の民営化によって水道料金が一五〇パーセントも高騰し、イギリスでは、「一九八九年から九五年までの間に水道料金が一〇六パーセントも上昇する一方で、民間水道会社の利鞘は六九二パーセントも増えた。……インドでは、驚くことに所得の二五パーセントをやむなく水道料に支払っている家庭さえ存在する」(同訳書、八九)。

一九九〇年代には、大陸間規模で水を大量輸送するための計画として、パイプラインや運河を開発したり、スーパータンカーを利用したりする計画が持ち上がったが、それらの実現には多額の投資が必要である。それができるのは多国籍企業であるが、すべてを市場の論理に委ねると、貧しい人間は水道の水を飲むことすらできなくなる可能性がある。世界の人々に水を公平に供給するシステムを構築するには、公的セクターと私的セクターがそれぞれの欠点を補い合って有効に機能するような体制を確立する必要がある。

●南北間の協調

地球環境問題が社会問題である最大の理由は、それが南北問題と重なる点にある。南北問題は、南南問題の発生によって複雑な様相を呈するようになったが、世界が工業化に成功した国と工業化をめざしている国に分裂していることに変わりはない。そのため、地球環境問題に対するスタンスは双方の立場で異なってくる。一般に、先進国は環境保護を重視し、発展途上国は経済発展を優先する立場をとっている。もちろん、例外もあり、ブッシュ政権時代の米国は先進国でありながら、地球環境を守るために設定された京都議定書（気候変動に関する国際連合枠組条約）から一方的に離脱した。ただし、米国もオバマ政権に代わって方針を転換した。

このように「環境保護か経済発展か」というジレンマは、環境保護を主張する先進国と経済発展を望む発展途上国の対立として現れる傾向にある。発展途上国からすれば、環境破壊を行ってきたのは先進国であり、今になって環境保護のために経済発展を抑制することは「虫のいい話」である。とはいえ、発展途上国も、先進国がこれまでたどってきたのと同じやり方で経済発展を遂げれば、地球環境を破壊し、世界全体が存続の危機に瀕することになる。したがって、地球環境問題の解決には、南北間の協調を通じて地球環境を維持しうるような経済発展、すなわち「持続可能な発展」への道を探らねばならない。

●持続可能な社会に向けて

以上のように、現代社会は多くの難問を抱えている。二〇〇八年に起こった世界的な金融危機は、一九七〇年代以降、新自由主義が推し進めてきたグローバリゼーションがたどりついた一つの帰結である。市場原理主義に歯止めがかかるかどうかは別にして、今回の世界的な金融危機が、経済のグローバリゼーションに対して一定の抑止的な作用を及ぼすことは間違いないだろう。また、グローバリゼーションそのものに対する批判的な言論や活動も増えるだろう。

とはいえ、現代社会に山積している問題の多くは、もはやローカル、ナショナルなレベルでは解決しえない問題になっている。十九世紀の近代社会も、ローカルからグローバルに至る重層的な構造を形成していたし、今でも国家はグローバルな関係を構成する重要なアクターであるが、現代のグローバリゼーションは「グローカリゼーション」としてナショナルなレベルを相対化した。これまで国家が集中的に掌握していた権力が多様な主体に分散しただけでなく、権力が行使される場も、ローカルな場やグローバルな場へと拡散した。ローカルからグローバルなレベルに至る入れ子状の構造が形成されつつある今日、先に述べた政治的・経済的・文化的な問題を解決し、持続可能な社会を築くためには、ローカルに根ざしつつも、グローバルな視野を獲得しなければならない。

本書の冒頭で紹介したように、イギリスのサッチャー元首相は、「社会などというものは存在しない。存在するのは、男、女という個人と家族だけだ」といったが、ここで改めて、ベックの言葉を思い起こしてみよう。「地球的に拡がったリスク社会においては、もう一度ロシアの入れ子細工人形のイメージを用いれば、政治的なものの考えうる最小の単位である私生活が、世界社会を包含していく」（Beck et al.［1994＝1997］87）。

たしかに、グローバル化と個人化が進行した今、社会をもはや国家のような統一的・包括的なシステムとして表象することはできない。しかし、個人が「全体的な部分」としてそれぞれの観点から断片的な仕方で社会という全体を取り込む時、各個人に取り込まれた社会というのは、ローカルなレベルからグローバルなレベルに至るまで、ネットワークが入れ子状に形成された世界である。たとえローカルな場で生きる個人であっても、現代に生きる個人は、世界にまで拡大した社会の縮図として存在するのである。

あとがき

バブル崩壊後の日本を見ていて時々思い起こす言葉がある。それは、ルーマンが社会を分析する際に使った「ありそうもなさ（Unwahrscheinlichkeit）」という言葉である。この言葉は、社会が成立することは、本当はありそうもないことであり、そのありそうもないことが現に起こっていることを示している。

私たちは、戦争でもなければ、社会が秩序をなしていることに何の疑問も抱かない。安心して暮らすこと、人並みの生活をすること、これらは、だれもが当然の事柄のように思ってきた。実際、一九八〇年代の日本は安全な国といわれたし、「一億総中流」という言葉が流行ったくらいである。もちろん当時も、さまざまな事件が起きていたし、格差も存在していた。しかし世界的に見れば、日本は安全な国であり、日本人全体が中流であると錯覚する程度のリアリティが存在した。ところが今では、そうした安全や平等はもはや過去の神話となりつつある。

安全が保たれている状況の中では、見知らぬ人に殺されることは「ありそうもない」こととして無視できる。しかしよく考えてみると、自分が見知らぬ人に殺されることはないと判断することのほうが不自然にさえ思えてくる。なぜなら、見知らぬ相手に対して一定の信頼を寄せているからである。こうした事態のほうが、本当は「ありそうもない」ことなのである。

社会に秩序があるということは、社会を構成する人々の間に一定の信頼関係が成り立っているということでもある。社会に秩序が成立しても、見知らぬ人に殺される可能性が完全に排除されるわけではないが、少なくともそうした事態を「ありそうもない」こととして扱うことができる。こうして「ありそうもなさ」に関する転倒が起こる。「ありそうもなさ」というルーマンの言葉は、社会秩序の成立にともなうこのような転倒を示している。

一九八〇年代以降の日本を見ていてこの言葉を思い起こすのは、日本社会が崩壊とまではいわないまでも衰退に向かっている中で、今まで隠れていたこの転倒が露《あらわ》になってきたからである。安心して人並みの生活を送れるような社会を創ることは、「ありそうもない」ことを実現するのに等しい。そうした社会を実現することの困難さをつくづくと実感するようになったのである。

本書では、日本社会についてわずかに言及したにすぎないが、一九八〇年代以降における日本の変化もグローバルな関係の中で起こっている。日本を取り巻くグローバルなコンテクストを抜きにしてその過程を理解することはできない。「失われた一〇年」を経て、日本はバブル崩壊から抜け出したが、二〇〇八年の世界的な金融危機を境に再び不況のどん底に落ちてしまった。アメリカ経済が好景気に沸いた二十世紀末から二十一世紀初頭にかけて、経済学の分野では景気循環の消滅が声高に叫ばれ、R・ルーカスのようなノーベル賞を受賞した経済学者までも、世界恐慌は過去のものだと主張した。しかし、その「ありそうもない」と思われていたことが再び起こり、「ありそうもなさ」に関する転倒が意識されるようになった。

本書の執筆中に世界不況が発生したので、それにも言及したが、筆者は経済学の専門家ではないし、また世界同時不況に関する書物はすでに数多く刊行されている。それゆえ、本書では必要最低限の説明を行うに止《とど》めた。

今回の世界同時不況は、一九七〇年代以降のグローバリゼーションと密接に関連しているが、本文中でも述べたように、本書のねらいは、今日のグローバリゼーションを近代以降のグローバリゼーションの過程の中に位置づけて、その歴史的意味を探ることにある。その試みが成功したかどうかは読者の判断に委ねるほかないが、過去と現在を知ることが未来を構想し、望ましい社会の創出という「ありそうもなさ」の実現に役立つならば、筆者としては望外の喜びである。

最後に、この本の編集を担当された池一さんと松井智恵子さんに御礼を申し上げたい。池さんはすでに有斐閣を定年退職され、今は有斐閣アカデミアにおられるが、定年の少し前に池さんから執筆の誘いを受けた。私がグローバリゼーションの研究を始めたのは比較的最近であり、本書の執筆にはためらいもあったが、池さんの「巧妙な口説き文句」に乗せられて引き受けてしまった。そして原稿を執筆する段階では、松井さんのお世話になった。脱稿が予定よりだいぶ遅れたとはいえ、ここまでこれたのは、松井さんのこれまた「巧みな、アメとムチを使った操縦術」による。また、原稿の内容に関しても適切なアドバイスをしていただいた。お二人に深く感謝する。

二〇〇九年七月

正村　俊之

引用文献

◆日本語文献

赤木昭夫［二〇〇三］『ハリウッドはなぜ強いか』ちくま新書。

阿部謹也［一九九九］『「世間」論序説――西洋中世の愛と人格』朝日新聞社。

池本幸三編［一九九二］『近代世界における労働と移住――理論と歴史の対話』阿吽社。

井上幸治編［一九九四］『西洋史入門（増補版）』有斐閣。

伊豫谷登士翁［一九九三］『変貌する世界都市――都市と人のグローバリゼーション』有斐閣。

石見徹［一九九九］『世界経済史――覇権国と経済体制』東洋経済新報社。

石見徹［二〇〇一］『全地球化するマネー――ドル・円・ユーロを読む』講談社。

石見徹［二〇〇七］『グローバル資本主義を考える』ミネルヴァ書房。

内井惣七［二〇〇六］『空間の謎・時間の謎――宇宙の始まりに迫る物理学と哲学』中公新書。

大澤真幸編［二〇〇二］『ナショナリズム論の名著50』平凡社。

小田部胤久［二〇〇一］『芸術の逆説 近代美学の成立』東京大学出版会。

小田部胤久［二〇〇六］『芸術の条件 近代美学の境界』東京大学出版会。

外務省外務報道官編［一九九九］『世界の国一覧表 一九九九年版』世界の動き社。

加藤祐三・川北稔［一九九八］『アジアと欧米世界』中央公論社。

門倉貴史［二〇〇六］『ＢＲＩＣｓ 新興する大国と日本』平凡社新書。

木谷勤［一九九七］『帝国主義と世界の一体化』山川出版社。

木畑洋一［一九九七］『国際体制の展開』山川出版社。

木畑洋一［二〇〇八］『イギリス帝国と帝国主義——比較と関係の視座』有志舎。

倉都康行［二〇〇五］『金融史がわかれば世界がわかる——「金融力」とは何か』ちくま新書。

倉橋透・小林正宏［二〇〇八］『サブプライム問題の正しい考え方』中公新書。

経済産業省編［二〇〇七］『通商白書二〇〇七』時事画報社。

小松丈晃［二〇〇八］「後期ルーマンの政治システム理論——リスク社会のなかの政治と『否定による自律』」『社会学研究』第八三号、四五-七七頁。

櫻井公人［二〇〇六］「アメリカ経済——移民による建国からカジノ・グローバリズムまで」本山美彦編『世界経済論——グローバル化を超えて』ミネルヴァ書房。

佐々木毅［一九九八］『プラトンの呪縛——二十世紀の哲学と政治』講談社。

神野直彦［二〇〇二］『地域再生の経済学——豊かさを問い直す』中公新書。

高木信二［二〇〇六］『入門 国際金融（第三版）』日本評論社。

高澤紀恵［一九九七］『主権国家体制の成立』山川出版社。

高階秀爾［一九九五］「国際化のなかの現代美術」『中央公論』四月号、一一八-一二三頁。

田中明彦［一九九六］『新しい「中世」——21世紀の世界システム』日本経済新聞社。

田中素香・岩田健治編［二〇〇八］『現代国際金融』有斐閣。

谷川稔［一九九九］『国民国家とナショナリズム』山川出版社。

中西寛［二〇〇三］『国際政治とは何か——地球社会における人間と秩序』中公新書。

中野毅［二〇〇二］『宗教の復権——グローバリゼーション・カルト論争・ナショナリズム』東京堂出版。

西川潤［二〇〇四］『世界経済入門（第三版）』岩波新書。

野崎久和［二〇〇八］『国際経済システム読本——国際通貨・貿易の今を考える』梓出版社。

羽田正［二〇〇七］『東インド会社とアジアの海』講談社。

原洋之介［一九九九］『グローバリズムの終宴――アジア危機と再生を読み解く三つの時間軸』ＮＴＴ出版。

春田素夫・鈴木直次［二〇〇五］『アメリカの経済（第二版）』岩波書店。

福田歓一［一九八八］『国家・民族・権力――現代における自由を求めて』岩波書店。

正村俊之［二〇〇一］『コミュニケーション・メディア――分離と結合の力学』世界思想社。

正村俊之［二〇〇八］『グローバル社会と情報的世界観――現代社会の構造変容』東京大学出版会。

松井透［二〇〇一］『世界市場の形成』岩波書店。

宮崎勇・田谷禎三［二〇〇〇］『世界経済図説（第二版）』岩波新書。

宮崎犀一・奥村茂次・森田桐郎編［一九八一］『近代国際経済要覧』東京大学出版会。

室井義雄［二〇〇二］『南北・南南問題（第二版）』山川出版社。

本山美彦［二〇〇四］『民営化される戦争――21世紀の民族紛争と企業』ナカニシヤ出版。

油井大三郎・遠藤泰生編［二〇〇三］『浸透するアメリカ、拒まれるアメリカ――世界史の中のアメリカニゼーション』東京大学出版会。

油井大三郎・木畑洋一・伊藤定良・高田和夫・松野妙子［一九八九］『世紀転換期の世界――帝国主義支配の重層構造』未來社。

◆外国語文献

Allemand, Sylvain & Jean-Claude Ruano-Borbalan［2002］, *La Mondialisation*, Le Cavalier Bleu.（杉村昌昭訳『グローバリゼーションの基礎知識』作品社、二〇〇四年）
Anderson, Benedict［1983］, *Imagined Communities: Reflections on the Origin and Spread of Nationalism*,

Verso.（白石隆・白石さや訳『想像の共同体――ナショナリズムの起源と流行』リブロポート、一九八七年）
Badaracco, Joseph L. Jr.［1991］, "The Boundaries of the Firm," in A. Etzioni and P. R. Lawrence (eds.), *Socio-Economics: Toward a New Synthesis*, M. E. Sharpe, 293-327.
Barber, Benjamin R.［1995］, *Jihad vs. McWorld: How Globalism and Tribalism Are Reshaping the World*, Times Books.（鈴木主税訳『ジハード対マックワールド――市民社会の夢は終わったのか』三田出版会、一九九七年）
Barlow, Maude & Tony Clarke［2002］, *Blue Gold: The Battle against Corporate Theft of the World's Water*, Earthscan.（鈴木主税訳『「水」戦争の世紀』集英社新書、二〇〇三年）
Bauman, Zygmunt［2000］, *Liquid Modernity*, Polity Press.（森田典正訳『リキッド・モダニティ――液状化する社会』大月書店、二〇〇一年）
Beck, Ulrich, Anthony Giddens & Scott Lash［1994］, *Reflexive Modernization: Politics, Tradition and Aesthetics in the Modern Social Order*, Polity Press.（松尾精文・小幡正敏・叶堂隆三訳『再帰的近代化――近現代における政治、伝統、美的原理』而立書房、一九九七年）
Boris, Jean-Pierre［2005］, *Commerce inéquitable: Le roman noir des matières premières*, Hachette Littératures.（林昌宏訳『コーヒー、カカオ、コメ、綿花、コショウの暗黒物語――生産者を死に追いやるグローバル経済』作品社、二〇〇五年）
Bull, Hedley［1977］, *The Anarchical Society: A Study of Order in World Politics*, Macmillan Press.（臼杵英一訳『国際社会論――アナーキカル・ソサイエティ』岩波書店、二〇〇〇年）
Castells, Manuel［1996］, *The Rise of the Network Society*（*The Information Age: Economy, Society and Culture*, Volume I）, Blackwell.

Castells, Manuel［1997］, *The Power of Identity*（*The Information Age: Economy, Society and Culture*, Volume II）, Blackwell.

Castells, Manuel［1998］, *End of Millennium*（*The Information Age: Economy, Society and Culture* ,Volume III）, Blackwell.

Castells, Manuel［1999］, *Global Economy, Information Society, Cities and Regions*.（大澤善信訳『都市・情報・グローバル経済』青木書店，一九九九年）

Castells, Manuel［2001］, *The Internet Galaxy: Reflections on the Internet, Business, and Society*, Oxford University Press.

Castells, Manuel（ed.）［2004］, *The Network Society: A Cross-Cultural Perspective*, Edward Elgar.

Castles, Stephen & Mark J. Miller［1993］, *The Age of Migration: International Population Movements in the Modern World*, The Macmillan Press.（関根政美・関根薫訳『国際移民の時代』名古屋大学出版会，一九九六年）

Coase, Ronald H.［1988］, *The Firm, the Market, and the Law*, University of Chicago Press.（宮沢健一・後藤晃・藤垣芳文訳『企業・市場・法』東洋経済新報社，一九九二年）

Cohen, Benjamin J.［1998］, *The Geography of Money*, Cornell University Press.（本山美彦監訳・宮崎真紀訳『通貨の地理学――通貨のグローバリゼーションが生む国際関係』シュプリンガー・フェアラーク東京，二〇〇〇年）

Crawford, James［1979］, "The International Law Standard in the Statutes of Australia and the United Kingdom," *American Journal of International Law*, Vol.73, No.4, 628-646.

Crouch, Colin［2003］, *Postdemocrazia*, Gius. Laterza & Figli S.p.a.（山口二郎監修・近藤隆文訳『ポスト・デモクラシー――格差拡大の政策を生む政治構造』青灯社，二〇〇七年）

Danto, Arthur C. [1994], "Art After the End of Art" from *Embodied Meanings: Critical Essays and Aesthetic Meditations*, Farrar Straus & Giroux.（高階秀爾訳「芸術の終焉の後の芸術」『中央公論』一九九五年四月号、二二四－二三七頁）

Delanty, Gerard [2000], *Citizenship in a Global Age: Society, Culture, Politics*, Open University Press.（佐藤康行訳『グローバル時代のシティズンシップ――新しい社会理論の地平』日本経済評論社、二〇〇四年）

Dicken, Peter [1998], *Global Shift: Transforming the World Economy*, Paul Chapman Publishing.（宮町良広監訳『グローバル・シフト――変容する世界経済地図』上・下、古今書院、二〇〇一年）

Durkheim, Emile [1893], *De la division du travail social*, Félix Alcan.（田原音和訳『社会分業論』青木書店、一九七一年）

Fortune [online], http://money.cnn.com/magazines/fortune/global500/2008/full_list/

Foucault, Michel [1975], *Surveiller et punir: Naissance de la prison*, Gallimard.（田村俶訳『監獄の誕生――監視と処罰』新潮社、一九七七年）

Fröbel, Folker, Jürgen Heinrichs & Otto Kreye [1980], *The New International Division of Labour: Structural Unemployment in Industrialised Countries and Industrialisation in Developing Countries*, Cambridge University Press.

Giddens, Anthony [1985], *The Nation-State and Violence*, Polity Press.（松尾精文・小幡正敏訳『国民国家と暴力』而立書房、一九九九年）

Gierke, Otto von [1954], *Das deutsche Genossenschaftsrecht*, Dritter Band, Die Staats-und Korporationslehre des Altertum und des Mittelalters und ihre Aufnahme in Deutschland, Akademische Druck-und Verlagsanstalt.（阪本仁作訳『中世の政治理論』ミネルヴァ書房、一九八五年）

Gilson, Ronald J.［1996］, "The Fading Boundaries of the Firm: Comment," *Journal of Institutional and Theoretical Economics*, Vol. 152, 80–84.

Gordon, David［1988］, "The Global Economy: New Edifice or Crumbling Foundations?," *New Left Review*, Vol. 168, 24–64.

Hardt, Michael & Antonio Negri［2000］, *Empire*, Harvard University Press.（水嶋一憲・酒井隆史・浜邦彦・吉田俊実訳『〈帝国〉──グローバル化の世界秩序とマルチチュードの可能性』以文社、二〇〇三年）

Hardt, Michael & Antonio Negri［2004］, *Multitude: War and Democracy in the Age of Empire*, Penguin Press.（幾島幸子訳『マルチチュード──〈帝国〉時代の戦争と民主主義』上、ＮＨＫブックス、二〇〇五年）

Harvey, David［2005］, *A Brief History of Neoliberalism*, Oxford University Press.（渡辺治監訳／森田成也・木下ちがや・大屋定晴・中村好孝訳『新自由主義──その歴史的展開と現在』作品社、二〇〇七年）

Held, David［1995］, *Democracy and the Global Order: From the Modern State to Cosmopolitan Governance*, Polity Press.（佐々木寛ほか訳『デモクラシーと世界秩序──地球市民の政治学』ＮＴＴ出版、二〇〇二年）

Held, David, Anthony McGrew, David Goldblatt & Jonathan Perraton［1999］, *Global Transformations*, Polity Press.（古城利明ほか訳『グローバル・トランスフォーメーションズ──政治・経済・文化』中央大学出版部、二〇〇六年）

Held, David & Mathias Koenig-Archibugi（eds.）［2003］, *Taming Globalization: Frontiers of Governance*, Polity Press.（中谷義和監訳『グローバル化をどうとらえるか──ガヴァナンスの新地平』法律文化社、二〇〇四年）

Hennart, Jean-François［1993］, "Explaining the Swollen Middle: Why Most Transactions Are a Mix of

'Market' and 'Hierarchy'," *Organization Science*, Vol. 4, No. 4, 529–547.

Hertz, Noreena [2001], *The Silent Takeover: Global Capitalism and the Death of Democracy*, Arrow.（鈴木淑美訳『巨大企業が民主主義を滅ぼす』早川書房、二〇〇三年）

Hirsch, Joachim [2005], *Materialistische Staatstheorie: Transformationsprozesse des kapitalistischen Staatensystems*, VSA-Verlag.（表弘一郎・木原滋哉・中村健吾訳『国家・グローバル化・帝国主義』ミネルヴァ書房、二〇〇七年）

Hirst, Paul & Grahame Thompson [1999], *Globalization in Question: The International Economy and the Possibilities of Governance*, 2nd ed., Polity Press.

Hymer, Stephen H. [1972], "The Multinational Corporation and the Law of Uneven Development," in J. N. Bhagwati (ed.), *Economics and the World Order from the 1970s to the 1995*, Macmillan, 113–140.

IMF [2009], *World Economic Outlook April 2009*, IMF.

Juergensmeyer, Mark K. [1993], *The New Cold War?: Religious Nationalism Confronts the Secular State*, University of California Press.（阿部美哉訳『ナショナリズムの世俗性と宗教性』玉川大学出版部、一九九五年）

Juergensmeyer, Mark K. [1999], *Terror in the Mind of God: The Global Rise of Religious Violence*, University of California Press.（立山良司監修／古賀林幸・櫻井元雄訳『グローバル時代の宗教とテロリズム――いま、なぜ神の名で人の命が奪われるのか』明石書店、二〇〇三年）

Kepel, Gilles [1991], *La revanche de dieu: chrétiens, juifs et musulmans à la reconquête du monde*, du Seuil.（中島ひかる訳『宗教の復讐』晶文社、一九九二年）

Klein, Naomi [2000], *No Logo: Taking Aim at the Brand Bullies*, Picador USA.（松島聖子訳『ブランドなんか、いらない――搾取で巨大化する大企業の非情』はまの出版、二〇〇一年）

Kuznets, Simon [1967], "Quantitative Aspects of the Economic Growth of Nations: X. Level and Structure of Foreign Trade: Long-Term Trends," *Economic Development and Cultural Change*, 15.

Lee, Chong-Moon, William F. Miller, Marguerite Gong Hancock & Henry S. Rowen（eds.）[2000], *The Silicon Valley Edge: A Habitat for Innovation and Entrepreneurship*, Stanford University Press.（中川勝弘監訳『シリコンバレー――なぜ変わり続けるのか』上、日本経済新聞社、二〇〇一年）

Leibniz, Gottfried W. [1880], *Die philosophischen Schriften von G. W. Leibniz*, hrsg. von C. I. Gerhardt, Bd. IV, Weidmann.（米山優作訳「事物の根本的起源について」『ライプニッツ著作集』八「前期哲学」工作舎、一九九〇年）

Leibniz, Gottfried W. [1954], *Principes de la nature et de la grâce fondés en raison: Principes de la philosophie ou monadologie* (André Robinet éd.), Presses universitaires de France.（西谷裕作訳「モナドロジー〈哲学の原理〉」『ライプニッツ著作集』九「後期哲学」工作舎、一九八九年）

Lenin, Vladimir I. [1952], *Империализм, как высшая стадия капитализма*, in *В. И. Ленин, Сочинения, издание четвертое*, том 22, Москва.（宇高基輔訳『帝国主義――資本主義の最高の段階としての』岩波書店、一九五六年）

Luckmann, Thomas [1967], *Das Problem der Religion in der modernen Gesellschaft*, Rombach.（赤池憲昭／ヤン・スィンゲドー訳『見えない宗教――現代宗教社会学入門』ヨルダン社、一九七六年）

Luhmann, Niklas [1984], *Soziale Systeme: Grundriß einer allgemeinen Theorie*, Suhrkamp.（佐藤勉監訳『社会システム理論』上・下、恒星社厚生閣、一九九三年、一九九五年）

Luhmann, Niklas [1997], *Die Gesellschaft der Gesellschaft*, Suhrkamp.

Mann, Michael [1993], *The Sources of Social Power Vol.2: The Rise of Classes and Nation-States, 1760–1914*, Cambridge University Press.（森本醇・君塚直隆訳『ソーシャルパワー：社会的な〈力〉の世界歴史Ⅱ

——階級と国民国家の「長い19世紀」下、NTT出版、二〇〇五年）
McLuhan, Marshall [1964], *Understanding Media : The Extensions of Man*, McGraw-Hill.（後藤和彦・高儀進訳『人間拡張の原理——メディアの理解』竹内書店、一九六七年）
Nadel, George H. & Perry L.Curtis（eds.）[1964], *Imperialism and Colonialism*, Collier Macmillan.（川上肇・住田圭司・柴田敬二・橋本礼一郎訳『帝国主義と植民地主義』御茶の水書房、一九八三年）
Ohmae, Kenichi [1990], *The Borderless World: Power and Strategy in the Interlinked Economy*, Harper Business.
Pauly, Louis W. & Simon Reich [1997], "National Structures and Multinational Corporate Behavior: Enduring Differences in the Age of Globalization," *International Organization*, Vol. 51, No. 1, 1-30.
Paz, Octavio [1976], *Point de convergence: du romantisme à l'avant-garde*, Gallimard.
Pieterse, Jan N. [2004], *Globalization or Empire?*, Routledge.（原田太津男・尹春志訳『グローバル化か帝国か』法政大学出版局、二〇〇七年）
Polanyi, Karl [1944], *The Great Transformation: Trade and Market in the Early Empires*, Beacon Press.（玉野井芳郎・平野健一郎編訳『経済の文明史』日本経済新聞社、一九七五年）
Porter, Andrew N. [1994], *European Imperialism, 1860–1914*, Palgrave Macmillan.（福井憲彦訳『帝国主義』岩波書店、二〇〇六年）
Porter, Michael E. [1998], *On Competition*, Harvard Business School Press.（竹内弘高訳『競争戦略論1・2』ダイヤモンド社、一九九九年）
Reich, Robert B. [2007], *Supercapitalism: The Transformation of Business, Democracy, and Everyday Life*, Alfred A. Knopf.（雨宮寛・今井章子訳『暴走する資本主義』東洋経済新報社、二〇〇八年）
Roberts, John M. [1998], *The European Empires*, Duncan Baird Publishers.（福井憲彦監修／東眞理子訳

『帝国の時代』創元社、二〇〇三年）

Robertson, Roland [1992], *Globalization : Social Theory and Global Culture*, Sage.（阿部美哉訳『グローバリゼーション――地球文化の社会理論』東京大学出版会、一九九七年）

Ruggie, John G. [1982], "International Regimes, Transactions, and Change: Embedded Liberalism in the Postwar Economic Order," *International Organization*, Vol. 36, No.2, 379-415.

Sassen, Saskia [1988], *The Mobility of Labor and Capital: A Study in International Investment and Labor Flow*, Cambridge University Press.（森田桐郎ほか訳『労働と資本の国際移動――世界都市と移民労働者』岩波書店、一九九二年）

Sassen, Saskia [1996], *Losing Control?: Sovereignty in an Age of Globalization*, Columbia University Press.（伊豫谷登士翁訳『グローバリゼーションの時代――国家主権のゆくえ』平凡社、一九九九年）

Saxenian, Annalee [1994], *Regional Advantage: Culture and Competition in Silicon Valley and Route 128*, Harvard University Press.（大前研一訳『現代の二都物語――なぜシリコンバレーは復活し、ボストン・ルート一二八は沈んだか』講談社、一九九五年）

Singer, Peter W. [2003], *Corporate Warriors: The Rise of the Privatized Military Industry*, Cornell University Press.（山崎淳訳『戦争請負会社』日本放送出版協会、二〇〇四年）

Stalder, Felix [2006], *Manuel Castells: The Theory of the Network Society*, Polity Press.

Steger, Manfred [2003], *Globalization: A Very Short Introduction*, Oxford University Press.（櫻井公人・櫻井純理・高嶋正晴訳『グローバリゼーション』岩波書店、二〇〇五年）

Strange, Susan [1996], *The Retreat of the State: The Diffusion of Power in the World Economy*, Cambridge University Press.（櫻井公人訳『国家の退場――グローバル経済の新しい主役たち』岩波書店、一九九八年）

Talbot, Michael [1991], *The Holographic Universe*, Harper Collins Publisher.（川瀬勝訳『投影された宇宙——ホログラフィック・ユニヴァースへの招待』春秋社、二〇〇五年）

UNCTAD [1995], *World Investment Report 1995: Investment, Trade and Competitiveness*, United Nations.

Urry, John [2003], *Global Complexity*, Polity Press.

Wallerstein, Immanuel M. [1983], *Historical Capitalism*, Verso.（川北稔訳『史的システムとしての資本主義』岩波書店、一九八五年）

Weber, Max [1947], *Wirtschaft und Gesellschaft, Grundriss der Sozialökonomik*, III. Abteilung J. C. B. Mohr.（濱島朗訳『権力と支配——政治社会学入門』有斐閣、一九六七年）

Weber, Max [1972], "Soziologische Grundkategorien des Wirtschaftens," in: *Wirtschaft und Gesellschaft*, 5te Aufl., herausgegeben v. Johannes Winckelmann, J. C. B. Mohr, SS. 31-121.（尾高邦雄責任編集『世界の名著50　ウェーバー』中央公論社、一九七五年）

Wellman, Barry（ed.）[1999], *Networks in the Global Village: Life in Contemporary Communities*, Westview Press.

さらに読み進む人のために

グローバリゼーションに関してはすでに多くの文献がある。ここでは入門書を除いて、本書の内容と関連のある文献をいくつか紹介しよう。

◆グローバリゼーション一般

本文中でも述べたように、今日のグローバリゼーションに関しては、それを現代社会の新しい構造変化とみなす見方とそれに対する批判的な見方がある。そうしたグローバリゼーションに関する論争を紹介したものとして、**デヴィッド・ヘルド／アントニー・マッグルー『グローバル化と反グローバル化』**（中谷義和・柳原克行訳、日本経済評論社、二〇〇三年）がある。また、グローバリゼーションとローカリゼーションの関係も論争的問題となっているが、両者を同時並行的な過程としてとらえたのが**ローランド・ロバートソン『グローバリゼーション――地球文化の社会理論』**（阿部美哉訳、東京大学出版会、一九九七年）である。そして、**ウルリッヒ・ベック『グローバル化の社会学――グローバリズムの誤謬：グローバル化への応答』**（木前利秋・中村健吾監訳、国文社、二〇〇五年）も、グローバリゼーションに関する論争的問題に関して、彼の再帰的近代化論、リスク論の立場から応えたものである。これらの本は、今日のグローバリゼーションに関する問題の所在を理解するうえで有益だろう。

グローバリゼーションの現状についてもっと詳しく知りたい人には、次の文献が参考になる。**ロビン・コーエン／ポール・ケネディ『グローバル・ソシオロジー』Ⅰ・Ⅱ**（山之内靖監訳・伊藤茂訳、平凡社、二〇〇三年）は、国民国家、多国籍企業、移民、メディアといったグローバリゼーションの基本的なテーマだけでなく、観光、消費文化、社会運動、アイデンティティ、環境問題といったテーマも取り上げられている。また、グローバリゼーションとその歴史を体系的に論じたものが、**デイヴィッド・ヘルド／アンソニー・マグルー／デイヴィッド・ゴールドブラット／ジョナサン・ペラトン『グローバル・トランスフォーメーションズ――政治・経済・文化』**（古城利明ほか訳、中央大学出版部、二〇〇六年）である。領域国家、軍事力、貿易、金融、多国籍企業、移民、メディア、環境問題といったテーマごとに、それぞれの内容が近世以前、近世、近代、現代という共通の歴史的枠組みの中で論じられている。

わが国の社会学者が編纂した講座物として、**宮島喬・小倉充夫・加納弘勝・梶田孝道編『国際社会』全七巻**（東京大学出版会、二〇〇二年）がある。執筆者も社会学者が多いので、主に移民やエスニシティとそれにかかわる文化的問題に焦点があてられているが、日本だけでなく、東アジアや第三世界も視野に収められている。

また、今日のグローバル社会を論ずるうえで無視できないのが情報化であるが、グローバリゼーションと情報化の関連を論じたものとして**伊藤守・西垣通・正村俊之編『社会情報学への接近4　グローバル社会の情報論』**（早稲田大学出版部、二〇〇四年）、**正村俊之『グローバル社会と情報的世界観――現代社会の構造変容』**（東京大学出版会、二〇〇八年）が挙げられる。本書で述べた現代社会の入れ子構造についてさらに知りたい人は後者を読んでいただきたい。

◆グローバリゼーションの歴史

本書では、近代以降のグローバリゼーションを取り上げたが、人類の歴史そのものがグローバリゼーションの歴史であるという立場に立って書かれたのが**ナヤン・チャンダ『グローバリゼーション――人類5万年のドラマ』上・下**（友田錫・滝上広水訳、NTT出版、二〇〇九年）である。また、**マイケル・マン『ソーシャルパワー：社会的な〈力〉の世界歴史』Ⅰ・Ⅱ**（森本醇・君塚直隆訳、NTT出版、二〇〇二・二〇〇五年）はグローバリゼーションを主題にしているわけではないが、先史から二十世紀初頭までの歴史的過程を論じた大作である。

話を近代以降に限定するならば、**イマニュエル・M・ウォーラーステイン『史的システムとしての資本主義（新版）』**（川北稔訳、岩波書店、一九九七年）は、独自の視点から近代以降の世界史を論じたもので、すでに古典となっている。また、絶対主義国家から国民国家へと至る近代国家の歴史的形成を説明したものとして、**アンソニー・ギデンズ『国民国家と暴力』**（松尾精文・小幡正敏訳、而立書房、一九九九年）がある。近代国家、国民国家、ナショナリズムに関しては、本シリーズの別の本で紹介されるので、ここでは**ベネディクト・アンダーソン『定本　想像の共同体――ナショナリズムの起源と流行』**（白石隆・白石さや訳、書籍工房早山、二〇〇七年）を挙げるに止《とど》めておく。

近代の主権国家とのかかわりの中で重要なのが帝国であるが、帝国の歴史的理解に関しては次の三冊を挙げておこう。**山本有造編『帝国の研究――原理・類型・関係』**（名古屋大学出版会、二〇〇三年）は、帝国に関する概説的な書物で、**木畑洋一『イギリス帝国と帝国主義――比較と関係の視座』**（有志舎、二〇〇八年）は、十九世紀のイギリス帝国について論じたものである。帝国主義は、政治・経済的な側面から議論されることが多いが、**エドワード・W・サイード『文化と帝国主義』1・2**（大橋洋一訳、みすず書房、一九九八年、二〇〇一年）は帝国主義を文化的な側面から論じた秀作である。
今日のグローバリゼーションを推進してきた新自由主義を歴史的コンテクストの中で知りたい人には**デヴィッド・ハーヴェイ『新自由主義——その歴史的展開と現在』**（渡辺治監訳／森田成也・木下ちがや・大屋定晴・中村好孝訳、作品社、二〇〇七年）が参考になる。その歴史的な展開過程が詳細に描かれている。

◆政治のグローバリゼーション

国民国家の揺らぎに関しては、さまざまな見方があるが、その一つが帝国論である。**アントニオ・ネグリ／マイケル・ハート『〈帝国〉——グローバル化の世界秩序とマルチチュードの可能性』**（水嶋一憲・酒井隆史・浜邦彦・吉田俊実訳、以文社、二〇〇三年）に対しては批判的な意見も多いが、一読に値する。また帝国論には、**藤原帰一『デモクラシーの帝国——アメリカ・戦争・現代世界』**（岩波新書、二〇〇二年）のように、現代のアメリカを帝国としてとらえる見方もある。一方、「新しい中世」論の先駆けとなったのは、**ヘドリー・ブル『国際社会論——アナーキカル・ソサイエティ』**（臼杵英一訳、岩波書店、二〇〇〇年）であるが、それを引き継いだ議論として**田中明彦『新しい「中世」——21世紀の世界システム』**（日本経済新聞社、一九九六年）がある。

現在、グローバル・ガバナンスをめぐる議論が活発化しており、**デヴィッド・ヘルド『デモクラシーと世界秩序——地球市民の政治学』**（佐々木寛ほか訳、NTT出版、二〇〇二年）、**アントニー・マッグルー『変容する民主主義——グローバル化のなかで』**（松下冽監訳、日本経済評論社、二〇〇三年）、**ウルリッヒ・ベック『ナショナリズムの超克——グローバル時代の世界政治経済学』**（島村賢一訳、NTT出版、二〇〇八年）は、いずれもコスモポリタン的な世界秩序を模索する議論を展開している。

◆経済のグローバリゼーション

経済のグローバリゼーションに関する優れた概説書となっているのが**ピーター・ディッケン**『**グローバル・シフト――変容する世界経済地図**』**上・下**（宮町良広監訳、古今書院、二〇〇一年）である。多国籍企業の台頭、生産のネットワーク、金融のグローバル化など、グローバル経済を構成する諸問題が網羅的に説明されている。

グローバル経済と国家の関係を論じたものとしては、**スーザン・ストレンジ**『**国家の退場――グローバル経済の新しい主役たち**』（櫻井公人訳、岩波書店、一九九八年）、**サスキア・サッセン**『**グローバリゼーションの時代――国家主権のゆくえ**』（伊豫谷登士翁訳、平凡社、一九九九年）、**サスキア・サッセン**『**グローバル空間の政治経済学――都市・移民・情報化**』（田淵太一・原田太津男・尹春志訳、岩波書店、二〇〇四年）が挙げられる。ストレンジが国家の衰退を説くのに対して、サッセンは国家の変容を主張する。両者がいずれも経済を国家との関係において認識していたのに対して、現代における経済と政治の関係を別の観点からとらえたものとして**ロバート・B・ライシュ**『**暴走する資本主義**』（雨宮寛・今井章子訳、東洋経済新報社、二〇〇八年）がある。また、新自由主義を基礎にしたグローバリゼーションを批判的にとらえたものとして、**ジョセフ・E・スティグリッツ**『**世界を不幸にしたグローバリズムの正体**』（鈴木主税訳、徳間書店、二〇〇二年）がある。

◆文化のグローバリゼーション

文化の次元でも、文化の画一化と多様化、グローバリゼーションとローカリゼーションをめぐる意見の対立があるが、**ジョージ・リッツア『マクドナルド化する社会』**（正岡寛司監訳、早稲田大学出版部、一九九九年）、**ベンジャミン・バーバー『ジハード対マックワールド——市民社会の夢は終わったのか』**（鈴木主税訳、三田出版会、一九九七年）、**ジョン・トムリンソン『グローバリゼーション——文化帝国主義を超えて』**（片岡信訳、青土社、二〇〇〇年）は、そのような問題を扱った基本文献である。

多文化主義に関しては、**チャールズ・テイラー／ユルゲン・ハバーマスほか『マルチカルチュラリズム』**（佐々木毅・辻康夫・向山恭一訳、岩波書店、一九九六年）、**油井大三郎・遠藤泰生編『多文化主義のアメリカ——揺らぐナショナル・アイデンティティ』**（東京大学出版会、二〇〇三年）あたりから読み進めるのがよいだろう。

文化のグローバルな動きに関する実証的な研究としては、**岩渕功一『トランスナショナル・ジャパン——アジアをつなぐポピュラー文化』**（岩波書店、二〇〇一年）、**遠藤薫編『グローバリゼーションと文化変容——音楽、ファッション、労働からみる世界』**（世界思想社、二〇〇七年）、**テッサ・モーリス＝スズキ／吉見俊哉編『グローバリゼーション・スタディーズ２　グローバリゼーションの文化政治』**（平凡社、二〇〇四年）が挙げられる。

また、文化の問題を中心にグローバリゼーションを幅広い視点から論じたものとして**ジョン・アーリ『観光のまなざし——現代社会におけるレジャーと旅行』**（加太宏邦訳、法政大学出版局、一九九五年）、**ジョン・アーリ『社会を越える社会学——移動・環境・シチズンシップ』**（吉原直樹監訳、法政大学出版局、二〇〇六年）がある。後者においては、「社会」概念の検討もなされている。

◆反グローバリズム運動

グローバリゼーションの進展にともなって、グローバリゼーションに対する批判的な論議や運動もさかんになっているが、その批判の矛先は、主に多国籍企業や新自由主義に向けられている。**ナオミ・クライン『ブランドなんか、いらない――搾取で巨大化する大企業の非情』**（松島聖子訳、はまの出版、二〇〇一年）、**ノリーナ・ハーツ『巨大企業が民主主義を滅ぼす』**（鈴木淑美訳、早川書房、二〇〇三年）、**デビッド・コーテン『グローバル経済という怪物――人間不在の世界から市民社会の復権へ』**（西川潤監訳、シュプリンガー・フェアラーク東京、一九九七年）は、多国籍企業やグローバル経済の問題点を、豊富な事例を挙げて説明している。**ウィリアム・F・フィッシャー／トーマス・ポニア編『もうひとつの世界は可能だ――世界社会フォーラムとグローバル化への民衆のオルタナティブ』**（大屋定晴・山口響・白井聡・木下ちがや監訳、日本経済評論社、二〇〇三年）は、反グローバリズム運動を展開している「世界社会フォーラム」の活動報告である。

アントニオ・ネグリ／マイケル・ハート『マルチチュード――〈帝国〉時代の戦争と民主主義』上・下（幾島幸子訳、NHKブックス、二〇〇五年）は、反グローバリズム運動に関する理論的な書物といえる。

事項索引

●さ　行

●た　行

●な　行

●は　行

●ま　行

●や　行

●ら　行

●わ　行

人名索引

●著者紹介
正村 俊之（まさむら　としゆき）
1953 年，東京都に生まれる。
1983 年，東京大学大学院社会学研究科博士課程単位取得退学。
関西学院大学社会学部助教授を経て，
現　在，東北大学大学院文学研究科教授。
著作に，『秘密と恥――日本社会のコミュニケーション構造』（勁草書房，1995 年），『社会学の世界』（共著，八千代出版，1995 年），『情報空間論』（勁草書房，2000 年），『コミュニケーション・メディア――分離と結合の力学』（世界思想社，2001 年），『情報化と文化変容』（編著，ミネルヴァ書房，2003 年），『シリーズ 社会情報学への接近』（全 4 巻，共編著，早稲田大学出版部，2003-2004 年），『社会学のエッセンス――世の中のしくみを見ぬく（新版）』（共著，有斐閣，2007 年），『グローバル社会と情報的世界観――現代社会の構造変容』（東京大学出版会，2008 年）など。

グローバリゼーション ◉現代はいかなる時代なのか 有斐閣 Insight
Globalization: What Kind of World Do We Live in?

2009 年 9 月 10 日　初版第 1 刷発行

著　者　正　村　俊　之
発行者　江　草　貞　治
発行所　株式会社　有　斐　閣
東京都千代田区神田神保町 2-17
電話（03）3264-1315〔編集〕
（03）3265-6811〔営業〕
郵便番号 101-0051
http://www.yuhikaku.co.jp/

印刷　萩原印刷株式会社　　製本　牧製本印刷株式会社

ISBN 978-4-641-17804-5